OSER TRAVAILLER HEUREUX

Jacques Salomé dans Le Livre de Poche :

Contes à aimer, contes à s'aimer
Contes à guérir, contes à grandir
Contes d'errances, contes d'espérance
Je croyais qu'il siffisait de t'aimer...
Je viens de toutes mes enfances
Pourquoi est-il si difficile d'être heureux ?

JACQUES SALOMÉ
CHRISTIAN POTIÉ

OSER TRAVAILLER HEUREUX

ENTRE PRENDRE ET DONNER

ALBIN MICHEL

Dessins de Jean-Claude Marol

ISBN : 978-2-253-16617-7 – 1re publication LGF

SOMMAIRE

OSER L'ENTREPRISE

Travailler huit heures par jour, c'est vendre au minimum huit heures de sa vie par jour et au maximum une grande part de son devenir d'homme ou de femme.
Autour de quels enjeux de renoncements, de frustrations ou de stimulations et d'épanouissement s'articule mon existence professionnelle ?
Les énergies mises en commun dans le travail ne concernent pas seulement les efforts physiques ou la recherche intellectuelle développés et mis en œuvre pour produire. Elles touchent aussi les dynamiques et les enjeux de relation entre les personnes.
La vraie question que nous nous poserons de plus en plus fréquemment ne sera pas : « Combien je vends mon temps de travail ? » mais : « Comment ? »
Le constat actuel confirme que ce « comment » est chargé de multiples malentendus, de tensions et de déviances.
« Quelles sont les caractéristiques relationnelles du contrat qui m'est proposé ? À quelles difficultés vais-je être confronté ou au contraire quels bénéfices personnels vais-je pouvoir retirer de mes relations avec mes collègues, avec les personnes chargées d'encadrer mon travail ? »

La vraie valeur d'une entreprise ne se mesure pas uniquement à ses actifs financiers, immobiliers, matériels... mais à la richesse et à la valeur de ses ressources humaines, même si ce critère est plus difficile à définir et à quantifier. Créer un climat relationnel qui respecte chaque individu pour ce qu'il est, qui favorise le bien-être des personnes, c'est indéniablement donner à l'entreprise une force nouvelle. C'est permettre à l'énergie individuelle de servir le projet d'une entreprise vivante et performante, et de développer une plus grande créativité collective.

La question à laquelle chaque manager est invité à répondre est : « Comment puis-je contribuer à développer la richesse humaine de mon entreprise ? »

Nous proposons dans cet ouvrage, d'une part, quelques pistes pour améliorer le comment vivre ce temps de vie et, d'autre part, peut-être et surtout, comment le dynamiser, y prendre plus de plaisir.

INTRODUCTION

Et si la crise des entreprises n'était rien d'autre qu'une crise relationnelle ?

Affirmer que les entreprises sont en crise ne relève plus d'une vision prophétique du monde économique. Ce constat est devenu un tel truisme que son rappel n'est plus un argument mobilisateur pour les acteurs de l'entreprise. La crise est permanente et endémique et l'entreprise, en tant que système, doit s'ajuster en même temps aux réalités de son environnement externe et aux influences internes auxquelles elle est inévitablement soumise. Parmi elles : les changements, les évolutions mentales et comportementales de son personnel. **La crise n'est rien d'autre que le nom donné à la forme visible et bruyante d'un changement inéluctable, ou d'une transformation non prévue ou non programmée qui se déroule dans l'improvisation, la douleur et le stress.**

L'imprévisible est une des caractéristiques de la vie. Comme, par définition, il n'est pas possible de gérer... à l'avance l'imprévisible, il convient donc de s'y préparer, d'être ouvert, en éveil et créatif pour y faire face et s'y adapter. La crise n'explique pas tout. Elle agit plutôt dans le réel d'une situation extrême comme un amplificateur ou une caisse de résonance des

difficultés ou des dysfonctionnements spécifiques à chaque structure.
L'important, pour un manager, n'est donc pas de se focaliser sur les mécanismes de la crise, mais de réfléchir aux capacités et aux ressources que possède une entreprise pour s'adapter à un contexte actuel mouvant et incertain, pour lui survivre, voire pour y puiser de nouveaux objectifs ou moyens.

La description des multiples facettes que prend une crise ne suffit pas non plus pour déterminer les origines réelles de cette situation. L'analyse montre que la crise n'a pas une forme unique, ni des effets identiques et encore moins des causes communes. Chaque entreprise la vit selon ses caractéristiques propres, selon son histoire et selon les données spécifiques de son marché.
Autre effet : elle peut trouver à l'intérieur même de son organisation, et au-delà des effets pervers engendrés par la crise, les moyens d'analyser les facteurs qui participent à la réalité parfois banale, à sa genèse.
L'important n'est pas la crise mais la capacité d'une entreprise à lui survivre, voire à y puiser des énergies nouvelles pour aller plus loin.
À l'écoute de la crise, deux grands courants de pensée s'affrontent et se complètent :

• Le premier s'intéresse aux données économiques externes, tels la pression exercée par les concurrents, le *dumping*, la rotation rapide des nouveautés et des attentes, les bas salaires, l'absence de charges sociales dans les pays du tiers-monde, le coût des matières premières... Ces différents facteurs sont souvent considérés comme des justifications absolues de tous les maux et servent souvent d'alibis aux difficultés et aux résistances du management et du personnel de l'entreprise à se remettre en cause ou à s'adapter aux évolutions en cours.

• Le second courant centre son analyse sur les données internes, telles que la perte de compétitivité due à l'insuffisance des gains de productivité, à l'absence d'investissements technologiques innovants, au manque de réactivité du personnel et à ses difficultés à faire face aux changements... Et bien d'autres raisons ou causes qui, prises isolément, sont tout à fait pertinentes, fondées et justifiées, mais dont la seule influence ne nous paraît pas démontrée de façon majeure.

La multiplicité des facteurs en jeu et leur interdépendance rendent complexe et délicate toute étude en profondeur des causes de la crise des entreprises. Après avoir analysé les facteurs externes sur lesquels nous avons peu ou pas d'influence, après avoir agi sur les multiples facteurs de productivité d'origine technique, force est de constater que les problèmes, les malaises et les paralysies subsistent ou reviennent très vite. Et pourtant, des entreprises passent mieux les crises que d'autres. Certaines réussissent même à les survoler, ou à les utiliser comme de véritables tremplins pour se rajeunir, s'ouvrir, s'extérioriser dans des domaines et des directions fort éloignés de leur orientation habituelle.

Management traditionnel et management des années 90

Les années de crise ont amené les managers, soucieux d'améliorer la vitalité et la compétitivité de leur entreprise, à distinguer trois niveaux de réflexion : l'organisation, la tâche et la personne.
En partant de cette distinction, le management traditionnel s'intéresse principalement à trois domaines :

- L'amélioration du poste de travail : productivité, automatisation, simplification... considérées essentiellement sous l'angle technique.
- L'amélioration de la qualification de la personne, de sa compétence, de sa formation et de son adéquation au poste occupé.
- L'amélioration de l'organisation vue comme un système de mise en relation des différentes fonctions entre elles.

Les écoles de management qui réfléchissent au développement de l'efficacité de l'entreprise à partir de cette approche proposent essentiellement des remèdes mécaniques, techniques et parfois sociotechniques pour traiter des crises.
Le management des années 90, quant à lui, propose d'intégrer trois nouveaux domaines :

- **L'amélioration des processus** qui porte sur une interrogation quant à l'utilité des tâches, leur enchaînement et leurs interfaces. Elle s'intéresse aussi à la façon dont une organisation favorise ou non l'efficacité individuelle et collective. Le but est d'éviter les déperditions d'énergie induites par une organisation déficiente. Nous appelons cette nouvelle préoccupation le management transfonctionnel[1].

• **Le développement de la personne** envisagé selon trois niveaux :

– la **relation de la personne avec l'entreprise** à travers ses attentes et ses besoins, et la façon dont l'entreprise cherchera à y répondre. La problématique de chaque salarié n'est pas uniquement « combien je vends ma présence et mes compétences à l'entreprise », mais « comment je les vends ». Cette question du « comment » est actuellement rarement prise en considération. Les souffrances, les violences, les agressions physiques et mentales liées à des dysfonctionnements personnels importants y sont pourtant directement rattachées ;

– la **relation entre les personnes**, vue sous l'angle de la communication interpersonnelle, des modes de collaboration, des liens hiérarchiques, de la gestion des conflits... que cette approche soit entendue en termes de communication interne, reconnue et valorisée comme la sève d'une entreprise vivante, ou en termes de communication externe (relations avec les clients, les fournisseurs et les représentants des institutions, de l'environnement) ;

– la **relation intrapersonnelle**, c'est-à-dire de la personne avec elle-même, l'écoute de son bien-être, de ses attentes, de ses peurs et inhibitions, mais aussi de ses ressources et de ses possibilités de développement et d'adaptation...

1. Voir à ce propos l'article de Ch. Potié, *Le Management transfonctionnel*, éd. Groupe XL.

Ces trois niveaux de relation sont ancrés essentiellement dans une recherche de mieux être/mieux vivre : mieux être avec soi, mieux vivre l'entreprise et la relation aux autres, mieux être dans son travail, mieux vivre sa vie personnelle ou intime, dépendante ou interdépendante d'une tâche, d'une fonction professionnelle.
La valorisation du développement de la personne dans ces trois dimensions (dans ces trois types de relation) pourrait s'appeler le management relationnel.

• **La prise en compte de la qualité comme un facteur différenciateur de l'image de marque de l'entreprise.**

Cette approche porte :

– sur la qualité des produits et des services associés, en tant que réponse à un besoin exprimé ou implicite des clients;
– sur la qualité des relations avec l'environnement de l'entreprise : citoyenneté, intégration dans le contexte sociopolitique local, prise en compte des contraintes de l'emploi, sensibilité à la dimension écologique... ;
– sur la recherche de valeurs nouvelles qui soient représentatives des besoins des salariés tout en respectant la réalité et les contraintes économico-financières de l'entreprise.

C'est la recherche d'une nouvelle éthique économique qui relève tout autant d'une approche marketing que sociale de l'entreprise. Son leitmotiv est l'adéquation de l'entreprise à toutes les variables de son environnement et l'amélioration de son fonctionnement. Le souci permanent d'une meilleure approche est appelé le management par la qualité.

Causes de la crise économique

Le management des années 90 fonde sa légitimité sur le constat que la vraie crise de l'entreprise peut s'entendre comme une crise relationnelle et non comme une crise économique. Aux mêmes époques, des entreprises réussissent à s'épanouir, à se développer ou à s'enrichir quand leurs concurrents survivent ou s'effondrent. Les premières trouvent la force d'affronter les crises en respectant la qualité des relations interpersonnelles existantes en leur sein.

L'origine de la plupart des crises dans les entreprises n'est pas fondamentalement d'ordre économique, elle trouve sa source dans le « relationnel » maltraité et méconnu comme matière première vitale.

Cette hypothèse sur la crise, sans être révolutionnaire dans sa forme, se veut néanmoins innovante sur le fond. Par là, nous voudrions déplacer le débat sur un terrain encore peu exploré (sans pour autant nier ni rejeter les autres analyses). L'explication des crises durables, permanentes ou volcaniques qui agitent toutes les organisations réside dans une méconnaissance profonde des comportements relationnels entre les hommes[1].

1. Nous entendons par « organisation » toute institution dont la caractéristique de base est de produire un bien ou un service en mettant en œuvre des ressources humaines (des hommes et des femmes agissant dans un but commun), des ressources matérielles et des ressources financières. Tout regroupement à des fins d'échange et de production est une organisation.

Nous émettons l'hypothèse que les causes de la crise s'inscrivent dans les multiples problèmes et avatars que les hommes et les femmes rencontrent quand ils ont à partager un projet commun, à communiquer efficacement, à mêler leurs potentiels et leur complémentarité, à développer et entretenir des relations créatives.

L'insécurité liée à des mutations rapides, à la planétarisation des revendications sociales, aux conflits Nord-Sud... est un facteur aggravant qui accélère le processus de crise. Les solutions proposées deviennent alors des palliatifs à court terme, sans effet profond et prolongé sur le devenir de l'entreprise.

Sortir de la crise en développant un nouveau style de relation

Nous fondons notre approche sur l'idée que les crises seront dépassées, assimilées et deviendront le nerf de la progression, lorsque les hommes et les femmes en situation de travail accepteront de vivre un mode de relation et de communication fondé sur quatre principes :

- Le désir de partager un projet commun qui mette en avant la richesse et les potentialités individuelles en tant que véritables facteurs de création de la richesse économique.
- L'aptitude à s'écouter, à s'entendre, à se respecter dans ses ressentis et à se dire aux autres pour pouvoir développer sa capacité à écouter, à entendre et à respecter l'autre.

• La promotion de la différence pour favoriser la créativité collective.
• La volonté de progresser et de rechercher ensemble des solutions alternatives et originales aux difficultés rencontrées.

Il est évident que la mise en œuvre et le respect de ces principes amènent à repenser fondamentalement le mode de fonctionnement de l'entreprise dans la façon d'être en relation, de travailler et de communiquer ensemble.
Notre proposition pour repenser l'entreprise repose sur quelques convictions[1] :

• L'entreprise est avant tout au service des hommes.
• Les hommes sont la richesse[2] la plus importante de l'entreprise.
• La communication est la matière première de base d'une entreprise vivante.
• Les managers et les personnes clés représentent la force la plus efficiente de transformation de l'entreprise.

La crise résulterait alors d'une sous-utilisation du potentiel de richesse humaine, et des déperditions

1. Ces convictions auront une incidence sur les propositions que nous formulerons par la suite, voir en particulier la troisième partie, « Développer des relations créatives dans l'entreprise ».
2. « La ressource humaine est la seule ressource de l'entreprise qui s'amplifie quand on s'en sert. » Il est donc possible de parler de véritable richesse humaine.

considérables d'énergies, utilisées par chacun pour se protéger, comprendre ou interpréter les non-dits, se défendre ou se valoriser au détriment de collègues ou d'autres services.

« Je me protège contre la non-reconnaissance de mon travail et de mon rôle. »
« Je me sens obligé de concilier, d'interpréter. »
« Je cherche à comprendre ce que je dois faire, ce que l'autre fait et la façon dont nous nous sabordons au lieu de nous compléter. »
« Je me défends contre les attaques des autres, et souvent, pour anticiper les conflits, j'attaque, je disqualifie moi-même. »
« Parfois (souvent !), je recherche le meilleur moyen de me mettre en avant, soit pour prendre la place de l'autre, soit pour m'approprier les honneurs et me valoriser... »

Il y a ainsi de véritables hémorragies d'énergies relationnelles qui affaiblissent, parasitent, handicapent ou paralysent les forces vives du potentiel humain de l'entreprise.
La crise serait provoquée par le gaspillage considérable d'énergies utilisées à entretenir et à développer des relations de type mortifère[1] entre les personnes. Elle trouverait ses racines dans les difficultés et les résistances des managers à inventer des voies et des

1. Mortifère par opposition à créative : si les relations de type créatif créent de la valeur, de la richesse humaine, technique, économique, les relations de type mortifère consomment inutilement l'énergie et les ressources, appauvrissent et dévitalisent le corps vivant de l'entreprise.

façons originales de procéder pour mobiliser les intelligences au service des objectifs, à la fois collectifs et individuels, principaux et intermédiaires, qui ne sont pas toujours clairement établis.
La crise enrichit son terreau dans les divergences entre les aspirations profondes de l'individu et ce qui lui est proposé comme projet collectif.
Une entreprise qui ne s'affirme pas comme étant au service des hommes et de la société, qui affiche comme unique finalité la seule réalité financière et économique ne peut en aucun cas mobiliser durablement et complètement les ressources et les énergies de tous ses membres.
À partir de ces réflexions, nous pouvons dire qu'un aspect de la crise résulte des comportements d'opposition, de négation ou de rejet de ses acteurs :

- **Attitudes réactionnelles** développées face aux situations insatisfaisantes du travail, au lieu de recourir à des attitudes de confrontation sur des projets porteurs de progrès et d'ouverture.
- **Accumulation de rancœurs et de ressentiments** contre les supérieurs ou les subordonnés, qui entretient les conflits et les tensions personnelles et interpersonnelles, au lieu de cultiver des relations de partage, d'amplification ou de création.
- **Confusion entre pouvoir exercé par les managers et autorité** accordée par les collaborateurs[1].

1. Nous développerons plus loin la différence fondamentale entre exercice du pouvoir et positionnement en autorité.

- **Temps passé à combattre le poids des habitudes institutionnelles** au lieu d'en faciliter l'évolution.

Dans cet ouvrage, nous étudierons successivement :

- La distinction entre la crise relationnelle et la crise économique.
- Les caractéristiques de la crise relationnelle, les éléments de sa genèse.
- Les pistes possibles pour en sortir.
- Les outils du management relationnel.

PREMIÈRE PARTIE

DE LA CRISE ÉCONOMIQUE À LA CRISE RELATIONNELLE

MAINTENANT QU'ON Y VOIT PLUS CLAIR, ON PEUT Y ALLER !

Le terme de crise économique regroupe un ensemble de concepts dont le contenu varie notablement selon la sensibilité et la culture des analystes. Nous allons ici tenter de distinguer deux types de crise : la crise économique externe à l'entreprise et la crise relationnelle interne propre à son fonctionnement.

I

CONTENU DE LA CRISE ÉCONOMIQUE

La crise économique est souvent analysée à travers l'état du marché, interprétée comme une raréfaction des commandes, une baisse du pouvoir d'achat par manque d'argent ou de liquidités au niveau des consommateurs, un déplacement de la clientèle vers d'autres priorités de survie, une diminution des investissements de l'État... Cette situation est une donnée majeure caractéristique d'un environnement, d'un marché, d'une conjoncture économique qui provoquent des réductions de budget, des pertes de ventes et donc de recettes, la baisse des prix, la fuite des capitaux... bref, tout un ensemble de réactions en chaîne parfaitement rationnelles, logiques et bien connues des experts. La crise économique est la conséquence du bouleversement des équilibres, de l'accélération des évolutions techniques ou sociologiques non perçues ou non prises en compte. Elle provient de la perte de maîtrise des facteurs de croissance. Elle est souvent une crise de confiance qui entraîne chez les acteurs économiques des attitudes de prudence, de contraction et de repli sur soi... Si le moral des managers a une influence directe sur leur décision d'investissement, le moral des collaborateurs se répercute immédiatement sur leur « investissement personnel » dans l'entreprise.

Confusion entre les effets et les causes

Qu'est-ce qui fait que toutes les connaissances acquises en deux siècles d'étude des phénomènes économiques n'ont pas encore permis, sinon de trouver des solutions à ce problème, du moins de proposer des scénarios d'anticipation susceptibles d'utiliser de façon différente les ressources matérielles et humaines des entreprises ? Pour quelles raisons les entreprises ont-elles tant de mal à maintenir en leur sein la motivation et la dynamique qui ont caractérisé leurs artisans, pionniers qui étaient animés par un enthousiasme concret, par une énergie quasi inépuisable, grâce à laquelle ils réussissaient à mobiliser la volonté et les capacités de ceux qui les entouraient ?
Dans notre analyse de la crise, ne confondons-nous pas les effets et la cause ? La compréhension de cette situation ne doit-elle pas se nourrir d'une réflexion plus approfondie sur la genèse des crises ? Ne faut-il pas rechercher dans l'utilisation des ressources des entreprises les causes de son mal ?
La solution est-elle à l'extérieur de l'entreprise, dans les mécanismes macroéconomiques ou au contraire dans les comportements et les réactions internes des organisations ? Autrement dit : est-il plus opportun d'agir sur l'environnement ou sur les facteurs internes ?

La crise économique est une conjonction de phénomènes irrationnels[1], imprévisibles, mettant en jeu un ensemble de mécanismes tant internes qu'externes. La complexité de sa genèse doit nous inciter à beaucoup de prudence quant aux solutions applicables. Faut-il rechercher des méthodes miracles applicables dans tel ou tel cas de figure, ou faut-il au contraire **développer des aptitudes plus conscientisées à faire face à la crise ?**

Cette dernière voie apparaît plus prometteuse, comme nous le développerons dans les paragraphes suivants.

Le monde est non seulement en perpétuelle évolution, mais cette dernière s'accélère, l'« impermanence » en est une des caractéristiques fondamentales. Rien de ce qui est aujourd'hui ne sera exactement pareil demain, tout bouge, tout se transforme, tout change.

La crise ne serait-elle rien d'autre que notre inaptitude à nous couler et à « surfer » dans ce tourbillon incessant, naturel et nécessaire du changement ?

De même qu'il semble plus judicieux de développer chez nos enfants l'aptitude à apprendre et à comprendre plutôt que de les abreuver de connaissances sans véritable réflexion ni assimilation, de même nos entreprises ont besoin de personnes qui savent réagir et se comporter face aux évolutions plutôt que d'appliquer des recettes toutes faites.

---

1. Voir *Lettre ouverte aux gourous de l'économie qui nous prennent pour des imbéciles*, Bernard Maris, Albin Michel, 1999.

Manque d'adaptabilité et de vitalité de l'entreprise

Notre réflexion sur la crise économique s'inscrit dans le cadre du développement des aptitudes de l'entreprise à s'adapter dans un contexte d'insécurité croissante, cela en s'appuyant sur les ressources des personnes qui la composent.

Notre approche se veut pragmatique. Elle tente de développer chez les acteurs du monde du travail un comportement et des attitudes qui favorisent leur réactivité face aux coups durs, aux démobilisations possibles et aux doutes... De cette réactivité dépend la vitalité[1] des entreprises.

Pour cela, nous pouvons rechercher dans la façon dont les personnes travaillent ensemble, dans leur manière d'être en relation, les ferments d'un comportement nouveau, différent, plus créatif, plus adaptatif.

En effet, rien n'est plus complexe et aléatoire que la prévision et l'anticipation des comportements des acteurs d'une structure, rien n'est plus subjectif et irrationnel. Leurs modes d'expression ne semblent pas toujours répondre aux lois statistiques, aux prédictions des meilleurs analystes, trop épris de chiffres et du souci de les maîtriser. Les comportements sont encore, au stade actuel des connaissances des sciences humaines, difficiles à modéliser, difficiles à prédire (même si certaines

1. Nous préférons « vitalité » à d'autres qualificatifs car cette propriété associée à l'adaptabilité constitue, selon nous, une des deux conditions de base de la pérennité de l'entreprise. Voir à ce propos *Le Management transfonctionnel, op. cit.*

approches axent leurs recherches sur cet objectif). Ils représentent un domaine où l'analyse subjective demande à prendre le pas sur les approches rationnelles pour les enrichir et les compléter.

L'aptitude d'une entreprise à faire face à la crise résulte de sa réactivité et de sa capacité à s'adapter aux évolutions, ou mieux encore à anticiper les déséquilibres. Pour répondre aux nouvelles données conjoncturelles, point n'est besoin de grandes stratégies à long terme, point n'est besoin de théories complexes.

La réactivité résulte de la capacité d'une organisation à se mettre à l'écoute de son marché et de son personnel, à être ouverte aux évolutions de l'environnement, à se montrer capable de les anticiper, de les prévoir.

Cela nécessite une très grande disponibilité de tous les acteurs de l'entreprise et l'utilisation maximale de toute l'énergie « mobilisable » dans ce but.

II

QUAND L'ENTREPRISE A PERDU SES CAPACITÉS D'ACTION

« Entreprise » vient du mot « entreprendre », qui signifie « prendre ensemble ». Une des racines du mot « entreprise » est donc PRENDRE, c'est-à-dire AGIR, prendre des risques, faire des choix sur un marché qui offre des opportunités et des possibilités d'action en développant des produits et des services dans le but de créer des richesses nouvelles. En général, plus les risques sont grands, plus les richesses financières créées sont importantes. Cette équation constitue le moteur de la vie économique.

Mais la richesse ne peut se réduire à sa seule dimension marchande ou financière. Une entreprise crée différents types de richesses : économique (produits ou services), financière (argent ou plus-values), sociale (emplois, travail), humaine (épanouissement, développement personnel), technique ou intellectuelle (compétences, connaissances collectives).

Considérer la création de l'entreprise du seul point de vue financier découle d'une définition limitative de sa finalité qui explique, probablement en partie, les problèmes rencontrés.

Cette perception exerce aussi une très forte influence sur le comportement des managers. Prendre en compte la globalité de cette création de richesses, c'est répondre de façon plus directe aux attentes et aux besoins des acteurs internes de l'entreprise. C'est aussi se donner les moyens de délimiter un champ d'action beaucoup plus vaste pour comprendre et diriger l'entreprise.

La seconde racine du mot « entreprendre » renvoie à la notion d'ENSEMBLE. Il n'y a pas d'entreprise sans action collective. Une entreprise développe une action collective à l'interne et à l'externe : avec ses clients, ses fournisseurs, d'autres entrepreneurs, la collectivité mais aussi avec l'ensemble de ses collaborateurs... Sa réussite n'est-elle pas aussi le fruit de sa capacité à développer des relations harmonieuses, efficaces entre les acteurs concernés ? C'est à ce niveau-là que le terme RELATIONNEL prend tout son sens.

La mise en relation des personnes entre elles, des personnes et des choses, des personnes et du projet (ses objectifs et ses ambitions) sera un des buts prioritaires de l'entreprise. Il s'agit de développer une capacité à agir efficacement, avec habileté, souplesse, flexibilité, réactivité, pragmatisme et réalisme, sur le marché économique, en fonction de finalités et de buts communs, partagés sinon par tous, du moins par le plus grand nombre des protagonistes.

L'une des difficultés des entreprises aujourd'hui réside dans le fait qu'elles ont perdu leurs capacités d'action de mobilisation rapide. Avec des structures rigides, asservies aux intérêts fonctionnels, avec des activités tronçonnées en petites monarchies, sans but précis, avec des objectifs exclusivement financiers... les entreprises ont beaucoup de mal à se mobiliser, à s'adapter aux évolutions de leur environnement.

Elles manquent de vitalité pour faire face aux défis et aux enjeux auxquels la concurrence internationale les soumet.
Les campagnes de privatisation ou de libéralisation qui ont touché des marchés jusqu'alors protégés (électricité, téléphone...) au titre du sacro-saint « service public » ont ébranlé les certitudes et les convictions de milliers de fonctionnaires. Leur attachement à la notion de service public peut aussi s'analyser comme un refus de rentrer dans la logique binaire de réussite ou d'échec évalués seulement en termes financiers.

III

CAUSES DE LA CRISE RELATIONNELLE

Trois causes profondes peuvent expliquer la crise relationnelle qui sévit dans beaucoup d'entreprises :

- La focalisation des comportements sur une logique et des stratégies de guerre : le tout ou rien, défense ou attaque.
- La difficulté à développer des relations créatives, constructives dans le respect des individualités et des potentialités des personnes, qu'elles soient simples exécutants ou managers.
- L'absence de projet commun, partagé qui favoriserait la mobilisation des énergies individuelles au service d'une ambition et d'un objectif consensuels.

La logique de guerre économique

La première cause tient donc particulièrement à la logique de guerre économique dans laquelle nous sommes tous convaincus d'être enfermés.
L'énergie dont dispose chaque partenaire de l'entreprise, quelle que soit sa place ou sa fonction, est uti-

lisée, selon les circonstances, en partie ou en totalité, pour faire face aux conflits et aux tensions interpersonnels, non pris en compte par une pratique interne qui néglige toute la dimension relationnelle de l'organisation. Dès lors, l'énergie dont chacun dispose n'est pas libre pour des relations saines et productives, mais pour se défendre contre ce qu'il pense être des agressions, des attaques de la part des autres, ou pour anticiper un conflit par une attaque préventive. Des énergies considérables sont consommées pour défendre des territoires, des pouvoirs fonctionnels, pour engager des escarmouches interfonctionnelles, pour saboter des positions enviées. Indépendamment des facteurs individuels liés à l'expérience, aux acquis et à l'histoire de chacun, qui le rendent plus ou moins sensible, craintif, vulnérable..., cette situation suit et perpétue une logique de conflit. Le principe de l'entreprise en guerre économique rejaillit sur les fonctionnements internes et les relations interpersonnelles.
Si la réalité actuelle est souvent perçue et décrite en termes de guerre économique, rien n'empêche d'imaginer une situation de paix économique dans laquelle chaque entreprise trouverait sa place. Le monde est vaste, les besoins des hommes à satisfaire sont infinis, chaque énergie peut être utilisée à débroussailler des terrains vierges plutôt qu'à se battre sur quelques arpents déjà cultivés.
Une situation de paix économique pourrait être envisagée avec des règles et une éthique qui modifieraient les comportements des managers et donc, par conséquent, ceux de leurs collaborateurs.

La difficulté à communiquer

La deuxième cause tient à une difficulté de l'homme à développer des relations vivantes et créatives. Cette situation est le résultat d'une déficience dans la communication intrapersonnelle et d'une incapacité à communiquer et à traiter adéquatement les conflits interpersonnels[1]. Alors que l'essentiel de nos études se passe à acquérir des connaissances et des savoirs, à développer des capacités de raisonnement, de déduction et de logique, peu de temps, voire aucun moment, dans certaines institutions à vocation éducative, est consacré à l'apprentissage de la vie en groupe, aux techniques de communication, à l'acquisition d'outils susceptibles de créer une relation harmonieuse ou vivante entre deux ou plusieurs individus. **Nous en sommes encore à l'âge de pierre dans le domaine des relations humaines.** Les analphabètes de la communication interpersonnelle et des relations sociales sont légion dans les entreprises à tous les niveaux.

Cette situation est d'autant plus paradoxale que l'entreprise et la société n'existent que par la somme des individus qui les constituent. Elle l'est d'autant plus que la vie, c'est la mise en relation de choses et de personnes.

Ainsi, si nous voulons donner à l'entreprise toutes ses chances de réussite, de survie, de développement et de croissance pour assurer sa pérennité, **il nous appartient**

1. Beaucoup de conflits présentés et vécus comme interpersonnels ne sont que des conflits intrapersonnels non reconnus comme tels.

de favoriser le développement des aptitudes à vivre avec les autres, à communiquer efficacement, et à inventer des moyens pour entretenir des relations plus harmonieuses. C'est ainsi que se développera la créativité au service de l'entreprise et de ses missions. C'est dans cet esprit que nous parlons de RELATIONS CRÉATIVES.

L'absence de projet mobilisateur

La troisième cause explicative de la crise relationnelle trouve son origine dans l'absence de projet mobilisateur. Qui peut aujourd'hui affirmer qu'il est exalté par le projet tel qu'il lui est proposé par son entreprise ? Qui se sent porté par une ambition qui lui permette de se dépasser et d'aller au-delà de ses propres aspirations ? Le succès rencontré par des entreprises jeunes, installées sur des créneaux viables, tient souvent à ce facteur. Les hommes qui se réunissent se sentent responsables d'une mission, sont portés par une ambition telle que leurs intérêts personnels, leurs propres aspirations, sont totalement investis dans le projet d'entreprise (projet d'entreprendre) qu'ils créent ensemble. Il en est de même pour certains grands projets lancés dans des entreprises installées. La constitution d'équipes autonomes de projet, sous la responsabilité d'un chef de projet ayant un certain charisme, suffit à favoriser le dépassement des angoisses et des difficultés individuelles, à aller au-delà des blocages et des freins structurels. La relation est fondée sur un objectif rassembleur, suffisamment fédérateur pour dépasser les seules individualités.

« Quand je peux adhérer à cet objectif, il me semble que je suis alors capable d'aplanir toutes les difficultés rencontrées, de dépasser mes propres besoins car, porté par ce désir de réussir, je verrai les autres comme des complices par qui je me sentirai suffisamment soutenu pour aller au-delà de mes limites personnelles. »

Certes, une telle vision nécessite de respecter quelques principes.

« Pour me dépasser, il m'appartient :
– de trouver une concordance entre mes aspirations et les ambitions du projet;
– de collaborer à un groupe ayant des valeurs et des règles de vie compatibles avec mes propres valeurs, de recevoir autant que je donne;
– d'être reconnu pour mes compétences propres, à mes yeux et dans le regard des autres. »

Pour cela, le projet doit rencontrer ou créer des conditions d'environnement favorables. Il arrive parfois que des projets critiqués ou à contre-courant réussissent grâce aux qualités personnelles de leurs promoteurs : les leaders sont capables non seulement de stimuler la part la plus noble et la plus créative en chacun des membres de leur équipe, mais aussi de transcender les résistances des personnes décisionnelles et ainsi de dépasser les difficultés et obstacles de départ.
De même, plus le projet dure dans le temps, plus les règles qui favorisent l'harmonie au sein des groupes devront être affirmées par :

- Une définition claire des responsabilités individuelles par rapport aux objectifs.
- Une reconnaissance des apports et des contributions réels aux progrès du projet.
- Un partage des efforts et une visibilité sur l'avancement.
- Une capacité à influencer positivement les réflexions et les choix.
- La possibilité d'entretenir chez chacun un sentiment réel d'appartenance au groupe...

Tous ces principes sont évidents pour qui est persuadé que rien n'existe de grand qui n'ait été imaginé, conçu et réalisé par la force de l'union des hommes. C'est la mise en commun des énergies individuelles qui fonde le succès des groupes.
La réussite tient plus à la puissance et à la qualité de la relation qu'à l'intelligence ou à la connaissance individuelles qui, même si elles sont nécessaires, ne sont pas suffisantes. Les grandes réussites ont toujours été accomplies lorsque les énergies individuelles ont été focalisées vers un but commun qui stimulait les forces positives des individus au-delà de leurs préoccupations personnelles du moment. C'est aussi vrai pour un sportif, par exemple, qui dépassera ses propres limites, un fanatique qui s'oubliera pour la cause, ou le héros qui transcendera ses peurs par un acte qui le surprendra lui-même. Les difficultés ont souvent leurs origines dans l'absence de projet clair et mobilisateur dans une organisation qui ne sait pas communiquer ni mettre en relation les hommes et les femmes qui la composent.

C'est cela que nous appelons la CRISE RELATIONNELLE. **Elle résulte de la difficulté pour les personnes à entrer en relation, à communiquer sur trois niveaux interdépendants : la communication fonctionnelle, interpersonnelle et intrapersonnelle.**

- Son dépassement suppose pour l'équipe de management la capacité de mettre les personnes en relation vers un objectif donné, un but à construire en commun, un projet partagé.
- Pour le manager la possibilité de communiquer de façon créative avec son équipe au lieu de transmettre ses instructions par injonctions et ordres ou d'utiliser abusivement le pouvoir que lui confère son statut.

Dans notre réflexion et compte tenu du regard que nous souhaitons porter sur la performance des entreprises, nous privilégions le facteur relationnel aux autres données de la crise économique, sur lesquelles l'entreprise a finalement une influence réelle réduite. **Nous préconisons donc que, dans l'entreprise, le registre du relationnel soit considéré et traité avec le même sérieux, le même intérêt et le même enthousiasme que les niveaux purement économique et organisationnel.**

DEUXIÈME PARTIE

CARACTÉRISTIQUES DE LA CRISE RELATIONNELLE

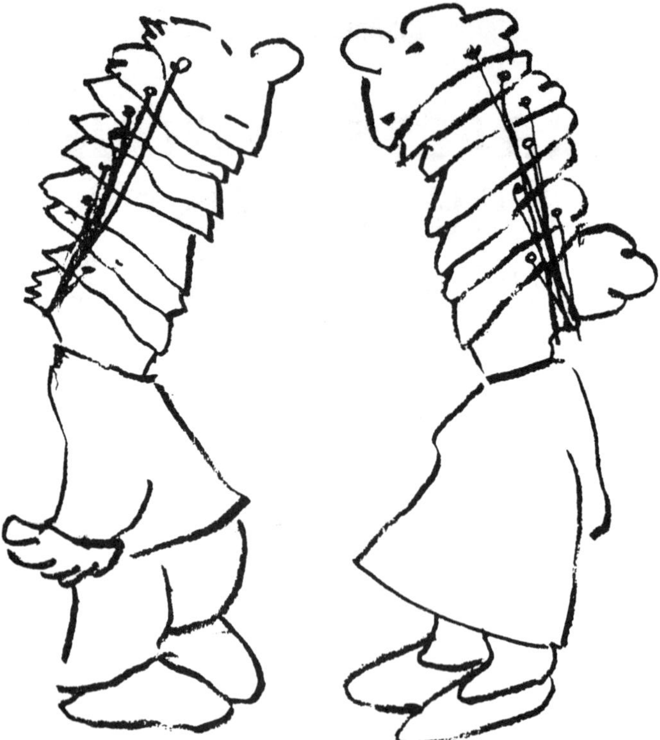

Comment se rencontrer ?

Toute crise relationnelle se caractérise par une absence de communication (ou par des communications dévoyées), par des attitudes de sabotage, par une pollution relationnelle, par des conflits d'intérêts et de pouvoirs, par des comportements réactionnels, d'attaque ou de défense... Comme nous venons de le voir, elle puise ses origines dans la difficulté de chacun à entrer en relation avec l'autre.

Les relations professionnelles sont difficiles parce que les relations interpersonnelles le sont. Les relations interpersonnelles sont difficiles parce que nous n'avons pas appris à entrer en relation avec l'autre, parce que nous nous enfermons ou nous nous abritons derrière notre statut, parce que nous avons peur de l'autre ou au contraire parce que nous sommes trop centrés sur nous, sur des réactions défensives liées à la sphère intime ou à nos peurs inexprimées.

Entrer en relation avec l'autre, c'est prendre le risque de communiquer, c'est-à-dire de mettre en commun des données personnelles liées à son vécu, à ses émotions...

I

DIFFICULTÉ À ENTRER EN RELATION ET À COMMUNIQUER

Ainsi, si l'essentiel de la crise actuelle résulte de la difficulté à communiquer, c'est tout simplement parce que nous n'avons pas appris à pratiquer la mise en commun et que la communication est souvent utilisée comme un moyen de s'exprimer unilatéralement et non comme celui d'entrer en relation, c'est-à-dire d'échanger sur tout le contenu de la relation : les faits, les ressentis (polarisation positive ou négative liée à l'instant présent) et les retentissements (polarisation positive ou négative liée à l'impact d'une parole, d'un événement qui va résonner sur le passé, sur l'histoire de chacun). Comprendre la crise relationnelle nécessite de connaître les principaux éléments composant la relation, ainsi que leur impact sur le comportement des acteurs principaux, de mieux cerner les enjeux favorisant ou freinant le développement de relations créatives dans les entreprises et le monde du travail.

La relation avec l'autre

Entrer en relation avec l'autre, **c'est tenter de créer un lien de réciprocité** fait de l'expression individuelle de chacun (incluant l'écoute de soi) et de l'autre.

C'est créer un passage (un conduit) susceptible de nous permettre de passer de l'impression à l'expression, et de l'expression à la communication (mise en commun).

Entrer en relation, **c'est accepter de s'exprimer**, d'aborder ou de se confronter à des réalités du domaine personnel. C'est pouvoir affirmer des convictions, des désirs, des attentes. C'est parler sur son propre vécu et entendre le vécu de son interlocuteur face à son travail, à telle tâche, à telle action ou décision en cours.

> *« J'ai le désir de parler de ce qui me touche, de dire ce que je ressens, de mes joies et de mes peines. Je veux pouvoir parler de la façon dont j'exécute mon travail, des difficultés que je rencontre mais aussi des réussites ou du plaisir que j'éprouve. J'ai le désir d'être écouté, peut-être entendu, mais dans tous les cas respecté dans ce que je dis et dans ce que j'exprime. »*

Entrer en relation avec les autres, **c'est déjà accepter d'entrer en relation avec soi**, de s'affirmer et surtout de se positionner en exprimant ce que l'on ressent.

Entrer en relation avec l'autre, c'est aussi avoir la capacité d'écouter l'autre dans ce qui le touche personnellement. C'est pouvoir l'entendre affirmer ses convictions, ses désirs, ses attentes, le laisser parler de la façon dont il se vit, de son ressenti[1] en relation avec son travail et les personnes qu'il côtoie.

1. L'expression du ressenti est une donnée majeure de la communication interpersonnelle.

> *« J'ai le désir de t'écouter parler de choses qui te touchent, dans l'exercice de ton emploi ou de tes fonctions. Je n'ai pas peur de t'entendre exprimer tes joies et tes peines. Je peux t'écouter parler de la façon dont tu exécutes ton travail, des difficultés que tu rencontres mais aussi des réussites et du plaisir que tu éprouves. J'ai le désir de te montrer que tu es écouté, que tu peux aussi éventuellement être entendu, et dans tous les cas respecté dans ce que tu dis, dans ce que tu ressens et exprimes. »*

Quand j'entre en relation avec l'autre, celui-ci doit pouvoir sentir qu'il peut entrer en relation avec lui-même face à moi sans danger, **je lui offre la possibilité de s'affirmer**, d'exprimer ce qu'il ressent et de confronter nos différences.
Pouvoir entrer en relation, c'est avoir la capacité de se réapproprier sa propre parole et laisser à l'autre la possibilité de prendre soin de la sienne, sans jugement de valeur, sans parler pour lui ni penser à sa place.
Entrer en relation suppose une « certaine liberté et des moyens d'expression ». Exprimer, c'est presser, faire sortir par pression ; s'exprimer, c'est donc accepter de laisser sortir de nous quelque chose qui nous caractérise ou qui peut nous dévoiler.

> *« Quand je m'exprime, je tente de traduire, de passer au-dehors ce qui est au-dedans : une impression, un état d'esprit, un ressenti. Je tente de dire avec des mots une tension, une émotion, une idée... qui sont en moi et qui m'appartiennent. »*

« M'exprimer est parfois une réelle difficulté, car je n'ai pas appris à dire ce que je ressens. Parfois j'ai peur du regard ou du jugement de l'autre sur ce que je dis et donc de déclencher un a priori sur moi. J'ai souvent peur de perdre la reconnaissance de l'autre, son estime, l'amour ou simplement l'intérêt qu'il a pour ma personne. »

« Je n'ai pas imaginé ou appris que ce que l'autre pense de moi peut être différent de ce que je suis. Je ne suis pas habitué à l'idée que son jugement n'engage que lui, tant que je ne décide pas de le faire mien. Il m'arrive trop souvent de croire que je suis ce que l'autre pense de moi ! »

Entrer dans une relation de confrontation, c'est créer des liens qui amplifieront l'échange. Pour cela, il est nécessaire de prendre en compte les cinq aspects suivants :

- Faire la différence entre **échanger** (il faut être deux) et **s'exprimer** (que l'on peut faire seul, unilatéralement).
- Avoir le désir de **créer une relation de croissance** qui permette aux deux personnes d'« évoluer dans leur potentiel », qui « respecte leurs limites » et « agrandisse le meilleur de leurs possibles ».
- **Reconnaître et accepter les quatre polarités** qui constitueront toute véritable relation d'échange, à savoir : pouvoir demander, donner, recevoir, refuser[1].

1. Quand l'un de ces possibles est hypertrophié ou hypotrophié, la relation est malade ou souffrante.

• Favoriser un **échange équilibré** à base de réciprocité et de mutuelle implication.
• Rechercher un **échange créatif**, où chacun s'exprime pour échanger et créer, et non un affrontement infantilisant où l'un domine ou tente de contraindre l'autre.

Il s'agit là d'une présentation sommaire de quelques règles d'hygiène relationnelle, que nous développerons plus en détail dans la troisième partie de cet ouvrage. Leur mise en pratique dans l'entreprise est un travail salutaire. Elles participent grandement à diminuer la pollution relationnelle qui consomme une quantité d'énergie considérable, qui détourne l'organisation de sa principale finalité : produire ensemble des richesses économiques, humaines, techniques et financières.

La pratique abusive et généralisée de la relation KLAXON

La pratique de l'injonction ou de la culpabilisation par le *tu* (ou sa variante *vous*)[1] est l'équivalent d'un cancer relationnel à la base de l'anti- ou de la pseudo-communication.
Lorsque j'emploie le *tu*, je parle pour l'autre, je me mets à sa place, je le prive de sa parole, je porte des jugements, j'émets des opinions sur ce qu'il pense, ressent ou fait. C'est le triomphe de la relation KLAXON (TU, TU TU, TUTU...). Cette attitude est anticréative, elle

1. Il ne s'agit pas ici du *tu* d'intimité ou du *vous* socialement accepté pour interpeller, mais du *tu* d'injonction.

blesse ou tue toute possibilité de communiquer de façon constructive avec l'autre, puisqu'elle lui dicte ce qu'il doit être. Elle n'incite pas à laisser la relation créer quelque chose qui soit plus que

> *« ce que moi je serais capable de faire seul »,*

ou plus que

> *« ce que l'autre serait capable de faire lui-même, tout seul ».*

Cette pratique courante commence dès l'enfance. Les parents parlent à la place de leurs enfants, ils pensent, jugent, expriment ce que l'enfant est censé penser, croire, ressentir. Nous percevons bien à ce niveau les conséquences d'un tel usage de la parole. C'est entretenir l'infantilisation, et tenter de réduire l'autre à ce que je projette sur lui, c'est une limite déposée sur ses potentialités, ce sont des doutes que je vais provoquer chez lui[1]. Comment, dans l'entreprise, la confiance, le désir et le plaisir de travailler ensemble pourraient-ils exister et se développer dans un climat relationnel où dominerait la pratique de la relation Klaxon !

1. L'injonction, quand elle est associée, comme c'est souvent le cas dans les familles et à l'école, à la dévalorisation, au chantage, à la culpabilisation ou à la menace directe ou indirecte, entretient un système d'échange et d'interaction antirelationnel extrêmement contraignant pour le développement de la personne. Ce système a été dénommé SAPPE (Sourd, Aveugle, Pernicieux, Pervers, Énergétivore). Voir *Pour ne plus vivre sur la planète Taire*, Albin Michel, 1997.

> *« Tu dois faire ça, tu es comme ceci ou comme cela. Avec toi, c'est toujours la même chose. Tu ne comprends rien. Tu ne fais jamais rien comme les autres... »*

Il est bien sûr possible d'utiliser le *tu* d'intimité, celui de la deuxième personne (*toi*) qui invite, qui propose à l'autre de se définir, de se positionner, de s'exprimer.

> *« Je t'invite à t'exprimer, pourrais-tu me dire ce que tu penses ou ressens sur cette question... »*

C'est une invitation à se dire et non un ordre ou une mise en demeure.

> *« Je te propose d'en parler..., j'ai le souhait de pouvoir clarifier ce que tu as vécu, pourrais-tu en dire plus... »*

Le terrorisme relationnel

La pratique trop généralisée de la relation KLAXON associée à des jugements de valeur, à des conduites manipulatoires voisines du chantage, à la dévalorisation (mettre l'accent sur ce qui n'a pas été fait), à la culpabilisation (dramatiser les conséquences de telle ou telle conduite) ou à la menace (brandir des sanctions, se réfugier derrière son statut pour faire pression) **tourne parfois au terrorisme relationnel**[1]. Le manager peut s'approprier la parole de ses collaborateurs, faire les questions et les réponses, agresser

1. Voir Marie-France Hirigoyen, *Le Harcèlement moral*, Éd. Syros, 1998.

par le *tu*, forcer l'autre à se défendre, à se justifier. De telles pratiques ne favorisent ni relation de confiance ni respect. Elles ne permettent pas aux collaborateurs d'utiliser leurs ressources et leurs aptitudes au service de l'entreprise. Elles leur donnent encore moins l'envie de se dépasser, d'aller au-delà d'eux-mêmes, de réaliser leurs potentialités.

La mise en pratique des quelques principes développés dans cet ouvrage nécessite **un véritable changement de regard, d'écoute, des prises de conscience nouvelles** pour les managers et les personnes clés, sur leur rôle et leurs responsabilités, et aussi **des mutations dans les conduites et les comportements** en tant que collaborateur, subordonné ou collègue.

> *« J'ai aussi le devoir de me réapproprier ma parole et le devoir de l'exprimer pour développer l'échange. »*

De ces changements de comportement, tant de la part des managers que des employés, dépendra la dynamisation de l'avenir des entreprises.

II

CARACTÉRISTIQUES DE LA RELATION EN ENTREPRISE

Il existe quelques différences essentielles entre les relations courantes dans la vie personnelle et les relations professionnelles dans le monde du travail.

Le tabou de l'expression émotionnelle

Les relations en entreprise sont très souvent censurées de leurs dimensions émotionnelles.
Toutes les relations humaines sont faites d'échanges physiques, émotionnels et intellectuels plus ou moins profonds selon les personnes et les situations. Par contre, rares ou exceptionnelles sont, dans l'entreprise, les situations où une personne peut exprimer ses ressentis, ses difficultés face à une situation complexe qu'elle ne maîtrise pas, ou même sa tristesse face à un événement qui l'a affectée.
Rares sont les situations où la personne peut prendre le risque de dire le retentissement émotionnel qui suit un échange, une discussion ou une confrontation sur le lieu de travail, sur le terrain professionnel.
Tout se passe comme si chacun, dans l'entreprise, devait revêtir un rôle, s'en tenir à sa fonction, comme

si l'expression des ressentis ou des émotions était réservée à la vie intime ou personnelle.
La plupart des entreprises pratiquent une véritable censure, un interdit implicite de l'émotionnel, perçu comme une faiblesse ou hors de propos dans un échange qui devrait rester essentiellement technique ou opératoire.
Cette situation est entretenue par la peur du jugement de l'autre.

> *« Si je montre mes sentiments, je crains que l'autre ne les traduise en faiblesse, j'ai peur de son regard sur moi, j'ai peur de me rendre vulnérable et de lui donner le moyen de mieux m'utiliser, m'exploiter, m'asservir. »*
> *« J'ai aussi besoin d'avoir l'assurance que ce que je dis ne sera pas utilisé contre moi, ne me sera pas resservi en remarques de dénigrement. »*

Cela rend compte aussi de l'incroyable difficulté que nous avons pour la plupart d'entre nous à entendre les souffrances ou tout simplement les émotions de ceux qui nous entourent. Nous avons peur de laisser l'autre exprimer des sentiments intimes parce que nous ne savons pas comment nous comporter en face, comment réagir. C'est un peu comme si l'ayant entendue, nous nous sentions obligés de prendre en charge la souffrance ou l'émotion de l'autre.
C'est d'ailleurs souvent ainsi que les choses se passent. Celui qui vit une émotion tente de s'en décharger le plus souvent sur l'autre, par l'utilisation du *tu*. Par exemple, dans le cas d'un conflit ou d'une

colère, où les émotions sont exacerbées, l'usage du *tu* devient le mot dominant de l'expression :

« Pourquoi tu n'as pas fait ce que je t'ai dit ? Tu n'écoutes jamais, tu n'en fais qu'à ta tête... »
« Et toi, tu ne crains pas la réaction du chef de service ? Tu devrais être prudent, je crois qu'il cherche à nous coincer depuis la dernière réunion. »

Ce *tu* tente de rendre l'autre responsable de ses propres difficultés, il permet de se décharger de ses tensions internes en les projetant sur l'autre. Nous savons bien qu'une bonne colère apaise celui qui l'exprime. Oui, mais à quel prix pour les autres (!) lorsque ces derniers ne savent pas faire la part des choses entre ce qui appartient à la colère de celui qui l'exprime et ce qui leur appartient en propre.
Dans une situation d'échange qui tourne au réactionnel, personne, semble-t-il, ne veut assumer qu'il est partie prenante (seulement partie) de son bout de la relation. L'idée que

« nous sommes coauteurs des relations que nous proposons et engageons »

n'appartient pas encore à nos représentations culturelles et à nos schémas de pensée. Elle n'est donc pas utilisée comme outil, pour mieux communiquer.
Souvent les situations d'affrontement, de conflit ou de simple malentendu réveillent de vieilles blessures, mettent en évidence des situations inachevées qui se trouvent ainsi réactivées.

Nous sommes renvoyés, sans le savoir ou le percevoir nettement, aux situations familiales d'origine, à notre enfance, à notre histoire sociale... Et surtout, le plus souvent, aux quatre grandes blessures qui ont marqué l'enfance de chacun : l'injustice, l'humiliation, l'impuissance ou la trahison.
Face à des situations complexes, l'expression des émotions est difficile, voire taboue. Ce qui est vrai dans la vie intime l'est encore plus dans la vie professionnelle. Le problème provient de notre difficulté à nous mettre en relation d'écoute et de partage avec l'autre d'une manière suffisamment ouverte, non censurante, pour accueillir ce qui vient de lui comme... venant seulement de lui !
Être capable de proposer une relation adulte qui permette de se positionner clairement, de faire le tri entre ce qui appartient à l'un et ce qui relève de l'autre suppose un véritable apprentissage de l'écoute active. L'écoute active est celle qui favorise non seulement l'expression de celui qui est en face, mais aussi celle qui lui permet surtout d'entendre ce qu'il dit. Une écoute qui favorise l'« entendre » de celui qui parle. La non-écoute émotionnelle est souvent provoquée par la difficulté à être soi-même, par la difficulté que nous avons à nous connaître et à nous accepter, par la croyance et la conviction qu'il est très difficile, voire impossible de s'améliorer, de progresser dans le domaine émotionnel.

« Je suis comme ça, on ne me changera pas ! Je ne peux pas m'empêcher de crier ! »
« Il faut me prendre comme je suis ! »

L'émotion est rarement entendue comme un langage. Le langage du retentissement. Nous ressentons de l'émotion chaque fois qu'est réveillé ou que résonne en nous, au travers de la situation rencontrée, un événement à la fois significatif et inachevé de notre propre passé. Combien de fois ne nous entendons-nous pas dire :

> *« Il faut que je contrôle mieux mes émotions, il faut que je les maîtrise si je veux faire face à cette situation... »*

Ainsi, de véritables bâillons sont mis, renforçant les non-dits, entretenant le poids du refoulé.
Souvent les injonctions limitatives que d'autres ont ancrées en nous (« Tu n'es pas capable de... ») aboutissent à la certitude et à la conviction que ce n'est même pas la peine d'essayer. Elles entretiennent le manque de confiance en nous dans le domaine des relations humaines, le manque de respect et d'amour pour soi.

> *« Pour être en relation avec les autres, il importe que je puisse entrer en relation avec moi-même. »*
> *« Pour être en relation avec moi, il est bon que je m'accepte tel que je suis, et que je me reconnaisse dans mes possibles et mes limites. Pour cela je peux essayer de développer plus d'amour pour moi ! »*

Mais ce ne sera pas la levée des injonctions à soi-même ou les décisions et les intentions personnelles

qui permettront à elles seules de développer dans l'entreprise des relations plus créatives. Au-delà de l'idéologie qui prône le possible de meilleures relations dans l'entreprise, il conviendra de proposer **une véritable méthodologie pour la mise en œuvre d'outils et de règles d'hygiène relationnelle**.
C'est ce que nous développerons dans les deux dernières parties. Pour l'instant nous en restons à ce qui freine et fait obstacle.

La confusion entre les trois niveaux de la relation en entreprise

Les relations dans l'entreprise se présentent sous des formes trop morcelées, parcellisées. Elles s'établissent à différents niveaux qui restent cloisonnés :

- Hiérarchique (relations de pouvoir, d'autorité ou avec l'autorité).
- Fonctionnel (relations à la tâche, à l'organisation, à la production).
- Personnel (qualité des relations interpersonnelles et intrapersonnelles).

Ces trois types de relations coexistent dans l'entreprise en permanence. Elles ne sont pas toujours identifiées à leur juste niveau, et sont souvent une cause de conflits et de tensions.
Lorsque deux personnes ne communiquent pas sur le même niveau, l'une se situant par exemple sur un plan personnel et l'autre sur un plan fonctionnel, la première ne se sentira pas entendue dans ce qu'elle

dit et ce qu'elle ressent. La seconde pensera que la première n'est pas à sa place, qu'elle ne comprend pas les problèmes professionnels évoqués. Elles ne sont pas, comme il est dit parfois, « sur la même longueur d'onde » !

De même, la relation hiérarchique, souvent centrée essentiellement sur la recherche d'efficience et de performance, introduit beaucoup de froideur, de distance et dévitalise la relation personnelle.

La position hiérarchique reste trop souvent le moyen le plus approprié pour **s'affirmer par rapport à l'autre, pour se cacher derrière son statut, pour nier sa propre difficulté à être, à exister en tant que personne**, avec ses joies et ses peurs, ses doutes et ses certitudes, ses ambitions et ses rêves.

Le statut hiérarchique, s'il est quelquefois un excellent exutoire au mal-être ou aux frustrations personnelles d'ordre plus intime, permet à celui qui occupe des fonctions élevées ou de responsabilité, de s'affirmer, de compenser des faiblesses, de masquer des incompétences ou des doutes[1]. C'est une des raisons pour lesquelles les cadres utilisent souvent le pouvoir lié au statut à la fois comme moyen d'exercice de leur influence et comme masque de leur faiblesse.

Car le pouvoir ne s'encombre pas d'états d'âme. Alors que la fonction hiérarchique pourrait être exercée dans le cadre d'une relation d'autorité, l'autorité conférée par ceux qui la reconnaissent.

1. Voir *La Folie cachée des hommes de pouvoir*, Maurice Berger, Albin Michel, 1994.

> *« Si je te reconnais dans ton rôle, si je t'accorde une compétence, des qualités spécifiques, alors je te donne l'autorisation, le droit de me piloter, de me donner des ordres, de guider mon action. Cela signifie que je te reconnais comme ayant la capacité de contrôler mon travail, et celle de stimuler mes potentialités. Si en revanche, tu tentes d'asseoir ton autorité sur des attitudes et des comportements de pouvoir, alors tu n'obtiendras de moi que soumission ou rébellion, et non ma participation à une relation constructive et créative. »*

Pour tenter de clarifier un débat vieux comme le monde... de l'entreprise, entre pouvoir et autorité, voici le regard que nous portons. Exercer du pouvoir repose sur la capacité d'influencer autrui par la contrainte, quelle que soit l'origine de cette contrainte, qu'elle soit réelle ou fantasmée.

> *« J'ai du pouvoir quand je suis dans un rapport de force qui me permet d'agir, d'influencer, de modifier soit un potentiel humain, soit un potentiel matériel, soit un potentiel financier dans le sens de mes désirs, de mon point de vue, de mes orientations ou de mes attentes. »*

L'autorité sera la capacité d'influencer autrui en lui permettant d'être plus lui-même, en lui permettant d'être auteur, c'est-à-dire créateur. En mettant à sa disposition des moyens, des compétences ou des énergies pour lui permettre de devenir plus créatif,

plus compétent, plus efficient dans la tâche, la fonction, la production qui sont les siennes.
N'apprend-on pas aux managers à ne pas entretenir des relations trop amicales avec leurs collaborateurs, pour éviter d'être en contradiction entre leurs sentiments et les exigences de leurs fonctions et de se trouver par exemple empêchés de donner un ordre ou d'appliquer une sanction ?
Cette difficulté résulte du fait que les managers ne reconnaissent pas ni ne savent gérer ces trois niveaux de relation présentés précédemment. Ils se coupent donc de toute la richesse d'une communication fertile, enrichissante. Ils se privent d'aller à la rencontre de l'autre. Ils s'empêchent surtout de se faire reconnaître par les autres dans leur globalité, dans leur « entièreté ». Nous apprécions plus nos amis, nos collègues lorsque nous accédons à leur réalité sensible et profonde plutôt que lorsque nous en restons à leur façade ou à leur masque social.
Une des difficultés majeures de la vie en entreprise provient du mélange implicite et non reconnu de ces trois niveaux de relation : le hiérarchique, le fonctionnel et le personnel, dont nous ne percevons pas réellement les impacts et que nous n'avons pas appris à gérer.
Alors, la plupart du temps, pour fonctionner sur un mode relationnel économique, qui nous engage le moins, et éviter les problèmes, nous nous cantonnons dans le registre qui nous protège le plus : le niveau hiérarchique avec les subordonnés ou les chefs, fonctionnel avec les membres des autres services (en constituant des clans), aseptisé, distancié ou d'indifférence avec les collègues.

La prédominance de la communication indirecte

Dans de nombreuses institutions et services, la communication indirecte domine sur la communication directe. La communication indirecte peut se manifester de différentes façons :

• Dans leurs **échanges interpersonnels**, les protagonistes ne parlent pas d'eux-mêmes ou de sujets les concernant directement mais parlent sur un autre (absent de préférence) et sur des sujets concernant d'autres qu'eux-mêmes. L'échange se situe le plus souvent sur un mode disqualifiant, jugeant ou critique :

> *« Tu ne crois pas que la nouvelle secrétaire du patron a été engagée par piston ? »*
> *« Je ne sais pas ce qui leur a pris de faire travailler ensemble Paul et François, ils ont des caractères tellement différents, ils vont couler le service... »*
> *« Tu as lu la dernière note concernant les heures supplémentaires ? Ils veulent vraiment nous presser comme des citrons... »*
> *« Quand on pense que le service des expéditions bénéficie de la climatisation alors que nous on gèle en hiver et on transpire en été ! »*

À partir de ce type de communication se développent des rumeurs, se propagent de fausses informations qui mobilisent énergies et sentiments négatifs.

• Dans les **échanges fonctionnels de service à service**, les rapports, les notes de service, les mémos et autres formes d'expression indirecte dominent, ils sont devenus des supports majeurs de ce qui est considéré comme de la communication, mais que nous voyons plutôt comme une forme d'incommunication !
La mise en place de réseaux informatiques accroît de façon considérable non seulement le volume d'informations qui circulent, mais aussi la distance sensible entre les personnes.
De même, l'utilisation de la communication institutionnelle (discours sur l'institution) comme palliatif à une communication interpersonnelle ou interfonctionnelle déficiente devient ainsi un instrument indispensable, qui, s'il se justifie en tant que tel, ne peut se substituer aux autres formes de communication.
Toutes ces modalités de communication sont vidées de leur contenu interactif et créatif. Elles sont assimilées à une communication de consommation où la circulation, avec l'inflation des informations, est saturée et parfois bloquée. La mise à disposition d'une information pléthorique remplace et annule l'échange, fait faire l'économie d'un véritable partage et réduit la mise en commun à un minimum stérilisant.
Les réunions[1], que beaucoup ressentent comme indispensables, pour remédier à la déshumanisation des relations professionnelles, n'apportent malheureusement pas de solution à cette situation car elles sont

1. Et leur pathologie, la « réunionnite », qui sévit dans la plupart des entreprises où tout problème est soumis à une réunion qui mobilise les ressources et les énergies de quinze personnes pour une question qui en concerne… deux !

souvent le théâtre de monologues, le lieu de l'expression des jeux de pouvoir des uns sur les autres, le moyen d'affirmer des positions, le champ clos des oppositions et des rivalités ou de simples chambres d'enregistrement pour des décisions prises ailleurs ! Ces réunions tuent la motivation, le désir de traiter réellement les problèmes en profondeur et surtout de les traiter dans l'intérêt commun. Elles ne sont pas toujours le lieu de l'échange et de l'écoute des positions respectives, le moyen d'afficher et d'apposer ses idées et ses différences, elles ne débouchent pas sur des confrontations et ne favorisent que très rarement la créativité.

III

PATHOLOGIES RELATIONNELLES EN ENTREPRISE

Quand l'incommunicabilité domine, quand la déperdition des énergies et le stress augmentent, il en résulte un certain nombre de pathologies relationnelles qui fragilisent l'ensemble de la structure d'une entreprise.

Le développement de maladies psychosomatiques

Les modalités et les difficultés relationnelles que nous avons mises en évidence, quand elles perdurent et se répètent, vont entraîner un accroissement des maladies psychosomatiques. La montée du stress, la fréquence des incidents, des oublis, des accidents, des absences pour maladie, les engagements non tenus, l'accroissement de la prise de tranquillisants deviennent des indicateurs très importants de la santé relationnelle d'une entreprise.
Dans une très grande entreprise américaine de l'informatique, le médecin du travail réagit spontanément aux problèmes du stress des cadres par la fourniture de calmants et autres médicaments agis-

sant sur les effets physiques et nerveux du stress. Une fois encore, la cure n'a cure de la cause réelle, le palliatif l'emporte sur le préventif et sur l'analyse en profondeur des causes. Le problème, comme nous l'avons vu, est particulièrement délicat et vaste : c'est toute une culture qu'il convient de faire évoluer. Nous savons bien aujourd'hui que lorsque le taux d'absentéisme dépasse les prévisions de façon significative, cela n'est pas lié aux pathologies personnelles mais à la pathologie du service ou des personnages clés.

La délation, les rumeurs

Le développement des rumeurs et la délation sont autant de signes pathologiques et alarmants dans une organisation qui ne vit pas son développement harmonieusement. La création de clans, de groupes d'influence et de pression, au sein desquels la domination (par la répression imaginaire) va devenir un instrument de la quête du pouvoir et un moyen d'oublier ses propres difficultés, est un signe du mal-être relationnel et institutionnel. Cette situation résulte, selon nous, de la prédominance des communications indirectes et de l'isolement relationnel de plus en plus grand dont souffrent certaines personnes à l'intérieur d'une équipe éclatée.

La difficulté à exprimer des opinions personnelles, l'impossibilité de manifester des sentiments et des émotions vont entraîner des attitudes et des comportements qui seront l'objet d'interprétations ou de commentaires par les autres. L'absence de communication directe entraîne l'absence de compréhension, par la méconnaissance de l'autre : c'est sur ce terreau que se développent et se pérennisent les conflits, les rumeurs et la délation.

Les rapports d'opposition ou de soumission au lieu d'apposition

Trop fréquemment, les rapports d'opposition et de soumission remplacent les relations d'APPOSITION.
Quand nous parlons d'opposition, nous pensons à un éventail d'attitudes et de comportements qui vont de la passivité au rejet, en passant par le refus, le sabotage et l'opposition organisée.
Quand nous parlons de soumission, nous pensons à un éventail d'attitudes et de comportements qui vont de la gêne au désaccord violent, en passant par la démobilisation des ressources et le désinvestissement dans ses engagements.
Mettre côte à côte les avis et les opinions, pour en chercher à la fois les points communs et les points de divergence, tel est le sens de l'apposition. Rejeter tous les points de désaccord et tenter de faire céder l'autre ne peut déboucher que sur l'affrontement, le conflit ouvert ou larvé entre les personnes ou les services. Soumission et opposition nourrissent la pathologie institutionnelle. Les prises de position fonctionnelles basées sur la défense de ses intérêts propres au détriment de la recherche d'un compromis fondé sur la mise en commun des besoins respectifs et de la confrontation des idées (apposition) constituent des stratégies courantes de la guerre relation-

nelle qui mine les services et consomme de l'énergie inutilement.

Recréer des dynamismes d'apposition supposera de mettre en place des temps et des espaces de confrontation des idées, des courants d'opinion, pour dégager des consensus qui se font jour à un moment donné de la vie d'une entreprise.

L'imposition des décisions plutôt que l'explicitation

La plupart des relations hiérarchiques sont fondées sur l'imposition de directives, d'ordres non commentés, non partagés ni forcément compris. C'est l'origine d'un terreau à base de frustrations qui nourrit la crise relationnelle.

La rigidification des positions hiérarchiques peut être l'indice soit d'une difficulté pour le manager à se positionner avec les contraintes qui l'entourent, soit de son propre désaccord avec les directives qu'il a lui-même reçues et qu'il ne partage pas forcément, soit encore d'un mal-être personnel pour des raisons privées, soit enfin d'une impossibilité à assumer la mission qui lui a été confiée.

Les attitudes de sabotage

Les non-adhésions, les refus larvés, les oppositions de personnes (idéologiques ou affectives) vont se traduire par des attitudes de sabotage, par des positionnements flous, réactionnels. Certains personnages clés acceptent apparemment une décision, semblent l'adopter, mais au moment de l'exécution et de sa mise en œuvre, des comportements de fuite, d'oubli seront le seul moyen de manifester une opposition qui n'a pu s'exprimer ouvertement.

De véritables hémorragies énergétiques surviennent, des décisions contradictoires sur les moyens, sur les choix des personnes, sur les orientations et les relais proposés.

De véritables relations mortifères (celles qui tuent le travail en commun, celles qui détournent les énergies créatrices de leur finalité) voient le jour et peuvent non seulement paralyser le rendement d'un service, mais stériliser les ressources d'une partie de l'équipe engagée dans le projet.

Elles caractérisent une attitude réactionnelle, une défense face à une relation qui n'est ni gratifiante ni satisfaisante.

> *« Face à cette situation, je ne trouve pas d'autres moyens pour prouver que j'existe, pour éviter d'être étouffé par la domination de l'autre que de mobiliser mes ressources et celles de mes collaborateurs à maintenir à tout prix une situation acquise plutôt que de développer l'action décidée et programmée... »*

La prolifération des règlements

Ce symptôme est des plus intéressants à étudier. En effet, lorsqu'une institution est au bout d'une logique où dominent l'opposition, les conflits, l'absence de relations... il ne lui reste plus que le recours aux règlements, aux prescriptions, à l'imposition de règles de travail strictes pour tenter d'assurer un certain ordre, un fonctionnement normal (au moins en apparence). Ce n'est plus le rappel de la loi externe qui est alors en cause, c'est le rappel de l'obéissance, de la soumission, de l'ordre des apparences, qu'il s'agit de sauvegarder à tout prix.

L'étude sur le terrain des règlements, des notes de service, des prescriptions diverses est une source très intéressante d'informations pour comprendre et mieux cerner les crises relationnelles d'une entreprise donnée.

IV

COMPORTEMENTS ET EXPRESSIONS ANTIRELATIONNELS

Il est possible de relever les comportements types et les attitudes antirelationnelles dominants dans une entreprise. L'emploi de certaines expressions, de certains mots, le recours à une forme de communication « en conserve » traduisent aussi la façon dont une organisation utilise le langage pour ne pas communiquer. Langue de bois, langage formaliste, lieux communs ayant perdu toute valeur sont véhiculés et stérilisent ou paralysent les échanges fonctionnels ou personnels.

Les comportements antirelationnels

Certains comportements freinent les possibilités relationnelles et la mise en commun. Ils résultent soit d'une impossibilité pour les personnes à nouer des relations avec les autres, soit d'attitudes réactionnelles face aux problèmes qu'elles rencontrent dans leur travail.
Nous avons identifié sept attitudes réactionnelles, antirelationnelles qui sont une manière de dire, de façon métaphorique,

« ce que je ne peux exprimer dans un langage réaliste ».

• **L'absentéisme répété**, quel que soit le motif invoqué, est un langage que tous les managers connaissent. En revanche, la signification de ce langage n'est pas forcément comprise ou entendue par tous, hormis de s'en tenir à considérer qu'il traduit un malaise dans une équipe donnée. Si le manager n'en perçoit pas la signification, il aura beaucoup de mal à identifier ce que cet absentéisme veut dire et donc à agir sur les facteurs déclenchants.

• Le matin, **les retards à l'arrivée** et le soir **les départs en avance** sont souvent des signes qui traduisent un mal-être relationnel. Pour s'en convaincre, il suffit d'analyser les horaires des personnes motivées qui se sentent bien dans leurs relations et dans l'équipe avec qui elles travaillent : elles ont une plus grande liberté vis-à-vis du temps. Ceci peut par ailleurs provoquer (ou être aussi le résultat) des difficultés relationnelles dans leurs vies personnelles.

• **Le silence, l'absence de participation active** à la vie du groupe, le refus de prendre position :

« Je ne sais pas, je n'ai pas d'idée, ce n'est pas mon problème... »

sont d'autres signes qui traduisent aussi des malaises.

• **La fréquence des colères, des comportements appelés « caractériels »**. Ces crises émotionnelles (seuil d'irritabilité très bas, indisponibilité, précipitation, larmes...) sont aussi des langages. Ils expriment un mal-être, un non-dit. Ils traduisent un déplacement sur des sujets fonctionnels de difficultés et d'enjeux autrement plus sensibles et profonds. Quand le réactionnel domine sur le relationnel, il s'ensuit une véritable déperdition d'énergie et de ressources humaines.

> *« Ce que je ne peux pas dire avec des mots, je l'exprime par des réactions émotionnelles ou psychologiques. »*
> *« Ce que je ne peux exprimer, je le traduis par des passages à l'acte, par des intolérances. »*

• **Les conduites de « sabotage »** telles que des retards dans la préparation, la présentation ou la mise à jour de dossiers, la rétention d'informations. Que ces actes soient volontaires, conscients (volonté de nuire, attitude spontanément réactionnelle...), ou non (priorité mal définie, absence de désir de régler un problème, oubli...), ils coûtent cher également en énergie et en fiabilité du service ou de l'équipe.

• **Les dégradations, les bagarres verbales, l'exclusion de certains et la mise au ban, à l'index d'autres**... sont encore d'autres formes de comportement traduisant une difficulté à s'exprimer et à proposer des relations vivantes.

• **La grève**[1] sera parfois une des ressources ultimes pour tenter de sortir d'une impasse relationnelle, d'un rapport de force figé ou d'une situation relationnelle bloquée.

Sans en contester le droit et au-delà des points de cristallisation sur lesquels porteront ensuite les négociations, il est utile d'en reconnaître l'expression symbolique.

Ces quelques exemples, choisis parmi une multitude de possibilités d'expressions, de langages et de comportements individuels ou collectifs, de troubles relationnels dans une équipe ou dans un service sont autant de signaux pour évaluer la pathologie d'une entreprise. L'écoute de ces comportements et surtout la prise en compte de ces troubles par les acteurs concernés sont pourtant une mine d'informations précieuses pour tenter d'anticiper et même de réduire quelques-unes des pathologies relationnelles dont souffrent nos institutions.

Les expressions antirelationnelles

Il existe des mots et des expressions qui vont entraîner un parasitage, une distorsion de la communication et donc blesser les relations qui devraient irriguer le corps vivant d'une entreprise :

1. Lorsqu'elle émane d'un mouvement spontané ou organisé au niveau même de l'entreprise, en dehors des actions collectives de nature plus politique et d'actions à long terme.

• **Les injonctions et les ordres** : le mode autoritaire ou directif est supporté, toléré quand il s'agit d'une situation exceptionnelle d'urgence ou de crise. Il se révèle désastreux quand il s'inscrit dans la durée ou qu'il révèle un mode établi et systématique d'échanges. Les ordres sans explication sont utilisés lorsque le développement d'une relation créative, responsabilisant les deux personnes, a échoué, ou lorsque l'une des deux refuse un mode de relation fondé sur la collaboration ou sur le possible d'une réciprocité dans les échanges. Celui qui est dans un rapport de force favorable a tendance alors à rester dans un mode de relation directif, infantilisant, plus ou moins brutal.

« Je n'ai pas de temps à perdre avec vous. »
« Je vous demande d'exécuter ce travail, un point c'est tout ! »
« Faites cela, sans discuter. »
« C'est un ordre. Si vous n'êtes pas content, demandez à changer de service ! »
« Je n'ai pas l'habitude de répéter deux fois la même chose ! »

• **La généralisation, la globalisation et l'étiquetage** qui enferment et définissent la personne, sans rémission, sans échappatoire :

« C'est toujours la même chose avec vous... »
« Vous refusez toujours le dialogue ; avec vous, il n'y a jamais moyen de parler... »

« On ne peut jamais vous faire confiance. »
« Dans cette boîte de toute façon, ça ne sert à rien de donner son avis, c'est le patron qui a toujours raison !... »

• **Les jugements de valeur, les opinions, les interdits, les anticipations « négativantes » ou catastrophiques** :

« Faire comme ceci, c'est bien, faire comme cela, c'est mal. »
« Moi je sais mieux que vous ce qu'il faut faire. »
« Lui, il ne pouvait réagir que comme ça... »
« Ce n'est même pas la peine que je vous demande, vous avez certainement une bonne explication, une réponse toute faite... »
« Mais on a déjà fait des trucs comme ça, de toute façon ça ne sert à rien ! »

• **Les interrogations intrusives,** porteuses d'une accusation, qui mettent en cause la personne et non pas la situation : elles placent l'interlocuteur dans une position défensive et d'autojustification.

« Pourquoi avez-vous fait cela comme ça ? »
« Qu'est-ce qui t'a pris d'agir comme cela, de dire ceci ?... »
« Alors, tu croyais qu'il suffisait de dire pour que cela soit entendu ? »

• **Le jugement de valeur** porté sur la personne : ces jugements sont l'équivalent d'une dévalorisation, d'une disqualification touchant aux zones sensibles de chacun.

« Si vous faites cela, c'est parce que... »
« Je vous avais bien dit de m'écouter, mais vous restez scotché à votre point de vue. »
« Vous êtes vraiment incapable de suivre une consigne, il faut que vous en fassiez toujours à votre tête, hein ! »
« Vous n'écoutez jamais, vous êtes persuadé d'avoir toujours raison ! »

• **Les supputations et suppositions** qui induisent chez l'autre un malaise, d'un doute. Elles sont les prémices d'un véritable cancer des relations humaines : la culpabilisation.

« Si vous agissez comme cela, alors voilà ce qui se passera... »
« Oh ! il serait capable de le faire, il s'en fout des conséquences ! »
« Heureusement que je suis intervenu, sinon on courait à la catastrophe... »
« Si on avait suivi son raisonnement, l'entreprise aujourd'hui serait au bord de la faillite. »

Voilà quelques phénomènes qui dans leur persistance peuvent contribuer à développer, entretenir de véritables crises relationnelles et fragiliser l'économie globale d'une entreprise.

Nous allons maintenant proposer quelques règles et principes de base susceptibles de faire évoluer les situations ainsi décrites et de promouvoir dans les entreprises des relations plus créatives pour assurer leur développement et leur prospérité.

TROISIÈME PARTIE

DÉVELOPPER DES RELATIONS CRÉATIVES DANS L'ENTREPRISE

Où donner de la tête face à des consignes contradictoires ?

Parmi les causes principales de la crise relationnelle dont souffrent les entreprises, nous avons mentionné **le manque de capacité des personnes et des managers à développer des relations créatives, dans le respect des individualités et des potentialités**. Nous avons précisé que cette situation provenait de difficultés, de maladresses, voire d'incompétence en matière de communication. Difficultés, maladresses, aveuglements ou incompétence qui ne sont pas spécifiquement le fait de certains mais sont le plus souvent globalement vécus et entretenus par chacun.

Nous allons, dans cette troisième partie, présenter les principes qui, selon nous, devraient permettre de remédier à cet état de fait en développant successivement les fondements de la vie relationnelle, les caractéristiques d'une relation créative, les bases de la communication interpersonnelle, puis des règles d'hygiène relationnelle. Enfin nous montrerons comment dans les entreprises le relationnel peut être mis au cœur de la politique sociale du projet d'entreprise.

I

FONDEMENTS DE LA VIE RELATIONNELLE EN ENTREPRISE

Il existe, comme nous l'avons vu, une réelle difficulté à développer des communications et à vivre des relations en santé. Le tableau ci-contre met en parallèle les constats que nous avons analysés dans la partie précédente et les applications que nous suggérons pour faire évoluer la situation.

Applications et moyens concrets seront développés par la suite.

Si l'entreprise est un organisme vivant, l'énergie et la vitalité de sa sève seront dépendantes de la fluidité de la communication qui circulera entre les personnes et les fonctions. Sa bonne santé sera liée à la qualité de cette communication.

Quand la communication (ensemble des mises en commun) se fait mal ou est maltraitée, c'est toute l'entreprise qui devient souffrante.

Les quelques principes présentés dans le tableau posent les bases d'une véritable révolution culturelle dans l'entreprise. Avant d'étudier leur mise en œuvre, nous allons présenter quelques règles de base pour une communication interpersonnelle plus vivante.

Principes fondamentaux

Définitions	Applications
Entreprise vient d'*entreprendre* : agir ensemble en prenant des risques.	Accepter de se situer dans un réseau de relations. Apprendre à mettre en commun. Développer des relations vivantes.
Agir ensemble : réunir et associer des énergies, construire un « vouloir ensemble » afin de créer plus que ce que chacun pourrait créer seul.	Être en relation (sans se confondre) avec les autres, en développant ses forces et en affirmant ses ressources tout en permettant à l'autre de développer les siennes.
Être en relation pour favoriser des échanges créateurs de valeurs. Mettre en commun le meilleur de chacun.	Établir des relations d'échange permettant d'être reconnu dans son unicité, d'être accepté dans son entièreté, d'être entendu et confirmé dans sa différence.
Être en relation suppose de communiquer à différents niveaux : 1. faits, événements ; 2. idées, concepts ; 3. ressenti, vécu ; 4. retentissement, impact et résonance ; et d'apprendre à mettre en commun.	Au-delà de la communication, apprendre à identifier la relation comme un tiers à part entière : Soi la Relation l'Autre. Découvrir qu'une relation a toujours deux extrémités.

Mettre en commun en acceptant de parler en son nom propre. Prendre le risque de se dire, de s'impliquer.	Parler à son bout de la relation de ce que je pense, de ce que je sens, de ce que j'éprouve.
Éviter de définir l'autre, de l'enfermer dans un rôle.	Ne pas parler sur, pour ou à la place de l'autre (éviter la pratique du TU qui caractérise la relation Klaxon : TU, TU). Oser s'affirmer, se positionner.
Respecter les différences. Confirmer le point de vue de l'autre.	Développer des relations de confrontation et non d'affrontement.
Apprendre à se situer, à se définir clairement, sans ambiguïté.	Se positionner dans un mode de relation, de collaboration précis[1] : – Actif/Actif ; – Actif/Passif ; – Passif/Passif. – Passif/Actif ;
Être à l'écoute de soi (émotions, ressentis, retentissement).	Arrêter de se défendre pour entendre ce que les événements, la réaction ou la proposition de l'autre provoquent en moi. « L'entendre » sera conditionné par l'impact du retentissement.

1. Ce modèle est développé dans la quatrième partie.

Créer les conditions pour que la communication permette à chacun de mettre ses énergies au service des objectifs de l'entreprise.	S'appuyer sur des outils et des règles d'hygiène relationnelle : – Charte de la vie relationnelle ; – Règles de communication ; visant à : • pratiquer le positionnement juste, développer le parler vrai et l'agir responsable ; • ouvrir un lieu d'échange neutre pour se dire et se donner le temps d'entendre l'autre ; • réserver du temps à la relation, à la communication et à la régulation personnelle.
Pour mieux communiquer, il faut aussi connaître et disposer de règles de vie en communauté.	Être d'accord sur un ensemble de valeurs ou de règles minimales non transgressables qui fonderont la base du projet commun.

II

CARACTÉRISTIQUES DE LA RELATION CRÉATIVE

Considérer l'entreprise comme un lieu de mise en relation, c'est poser un regard différent sur soi et son travail, sur l'autre et sa responsabilité, et sur la façon dont la relation se déroule.

Développer une relation vivante dans le cadre professionnel

Cela signifie :

• **Prendre le risque de me dire**, d'exprimer comment je me vois dans mon rôle, mes responsabilités, dans les tâches qui me sont imparties. C'est pouvoir affirmer mes attentes, mes besoins et même mes rêves dans la relation. Ce sera surtout introduire des exigences et des repères pour maintenir une cohérence entre mes attentes et mes pratiques.
• **Me donner les moyens d'entendre l'autre**, d'écouter ce qu'il a à me dire, quelles sont ses positions, ses besoins, ses seuils d'intolérance.
• **Veiller à confirmer l'autre dans l'expression de son positionnement** pour lui montrer qu'il a été entendu,

même et surtout si je me positionne différemment de lui.

- **Définir et préciser ce que nous avons en commun**, ce sur quoi nous pouvons nous baser pour avancer ensemble dans la direction qui nous est fixée par le projet d'entreprise.
- **Mettre en évidence ce qui nous différencie**, pour en mesurer l'impact et les conséquences sur l'action que nous avons à mener ensemble.
- **Vérifier notre accord pour créer de la valeur à deux**, pour ajouter des énergies, pour ajouter un plus.
- **Savoir constater nos incompatibilités** et prendre le risque de se séparer, si elles s'opposent trop à la réalisation de l'objectif commun.

Pour permettre que cette relation professionnelle soit suffisamment vivante et énergétigène[1], c'est-à-dire pour que la valeur produite soit supérieure à la quantité d'énergie consommée, il importera de permettre que les échanges fonctionnels soient alimentés, nourris et dynamisés par les apports d'une communication relationnelle de qualité.

Entrer en relation avec l'autre dans un cadre interpersonnel

Cela signifie :

- **Prendre le risque de me dire**, c'est-à-dire exprimer ce que je suis en tant que personne. Nommer, pré-

1. Qui produit de l'énergie.

ciser qui je suis pour pouvoir être reconnu au plus près de ma personne et non pas sur la base de ce que l'autre pense de moi ou a envie que je sois. Pour tenter de réduire ainsi les seuils de frustration possibles du fait d'un écart trop grand entre l'imaginaire et la réalité.

• **Me donner les moyens d'entendre** ce que l'autre me dit comme personne présente, différenciée et sexuée, dans tous les niveaux de langage possibles (verbal, analogique, non verbal, symbolique, comportemental).

• **Savoir confirmer l'autre dans ce qu'il dit**. Simplement lui montrer qu'il a été entendu, pour le reconnaître dans son expression.

• **Prendre le risque de m'écouter** pour entendre ce que je ressens. Pour mieux percevoir ce que la relation avec l'autre éveille en moi, tant sur le plan émotionnel que sur celui des sentiments et des ressentis immédiats.

• **Me responsabiliser en m'occupant de mon bout de la relation**, c'est-à-dire :

- éviter de parler sur l'autre ;
- ne pas me laisser définir par l'autre ;
- ne pas entretenir la dépendance par rapport à l'approbation ou au désaccord de l'autre ;
- rester entier et fidèle à moi-même, face à ses peurs, aux injonctions restrictives et limitatives reçues, face à ses croyances et à son système de valeurs.

• **Créer ensemble des possibles nouveaux** plus riches et diversifiés que ceux qui relèvent de ma seule compétence.

• **Accepter aussi de me laisser influencer.** Pour modifier des comportements et des conduites dans le respect de ce que je suis.

Pour que ces points puissent faire l'objet d'une pratique concrète, nous proposons de développer et de pratiquer une autre forme de communication interpersonnelle dont les bases sont présentées ci-après.

III

BASES DE LA COMMUNICATION INTERPERSONNELLE[1]

Développer et construire une communication interpersonnelle vivante suppose la capacité de **mettre en commun par des signes verbaux et non verbaux, soit des ressemblances, soit des différences**, et cela à partir de trois besoins fondamentaux : être reconnu, être entendu, être valorisé.

Un lieu, un temps

- Un lieu et un temps définis, en dehors des tâches opérationnelles ou fonctionnelles, permettant d'ouvrir un échange plus personnalisé.
- Un lieu d'intimité propice et adapté à ce que nous avons à nous dire.
- Un temps uniquement réservé à cet objectif, pour pouvoir être totalement à l'écoute de soi, de l'autre, pour aller au bout d'une mise en commun possible.

1. Pour une étude plus détaillée et approfondie des bases d'une communication vivante, se référer aux ouvrages *Heureux qui communique* et *T'es toi quand tu parles*, Albin Michel.

Il est parfois nécessaire d'attendre que ces conditions soient réunies pour entamer un véritable dialogue.

> *« J'ai le désir de parler avec toi, j'aimerais que tu m'accordes un espace et une période de ton temps pour cela. »*
> *« Je ne souhaite pas partager dans un couloir et sous le coup d'une réaction. »*
> *« J'entends ton désir et je me mets à ta disposition pour communiquer ensemble. »*
> *« J'entends ton désir, mais je ne me sens pas disponible ou capable de communiquer correctement avec toi maintenant, je te demande de différer cet entretien, et te propose de nous voir à tel ou tel moment... »*

Un positionnement clair

Communiquer relationnellement, c'est déjà être capable d'exprimer son opinion, son désir, son ressenti. C'est être capable de passer de l'impression (in-pression) à l'expression (ex-pression). C'est prendre le risque d'*apposer* son point de vue à côté de celui de l'autre. Cela ne signifie pas attendre que l'autre vous approuve, ni qu'il soit d'accord avec vous, cela ne signifie pas non plus devoir se justifier, ni chercher à convaincre, cela signifie simplement prendre la liberté de dire.
L'expression s'appuie sur l'usage du *je* personnalisé. Non pas le *je* emphatique et égocentrique du narcissisme à vif. Un *je* de témoignage, le *je* d'une implication personnelle responsable.

Pour cela, il est préférable de s'exprimer en tant que personne en individualisant l'échange.

« J'ai envie de te dire..., j'ai le désir d'exprimer cette opinion..., je ressens le besoin de me positionner sur cette question... »
« Voilà où j'en suis... »

La distinction entre moi, l'autre et la relation

Communiquer relationnellement, c'est accepter d'être relié, c'est-à-dire adopter un engagement qui se traduit par un lien avec quelqu'un. Ce lien, quand il est nourri, respecté, entretenu, constituera la sève de la relation.

« Je distingue MOI en tant qu'élément à part entière de la situation de communication, TOI en tant qu'élément à part entière, et notre lien, ce qui nous permet d'être relié. La RELATION entre TOI et MOI participe de ce lien. »
« En distinguant bien ces trois éléments, j'évite la confusion qui consiste à penser, à parler à ta place, à mélanger ce que je suis, ce que je pense (et qui m'appartient en propre), avec ce que tu es, ce que tu penses et ce que nous allons mettre en commun dans la relation. »

Un droit à la parole, un devoir d'écoute

Ainsi, la communication relationnelle s'établit lorsque les deux protagonistes d'un échange peuvent se dire, se positionner clairement. Communiquer introduit un droit à la parole qui suppose l'écoute de l'autre. Qu'il puisse entendre simplement ce que je dis. Entendre ne suppose pas nécessairement qu'il me comprenne ou qu'il m'approuve mais qu'il se contente de recevoir ce qui vient de moi dans le sens d'« accueillir ». Cette démarche peut être confirmée par une reformulation utile :

« Dans ce que tu as dit, voici ce que j'ai entendu ! »

Communiquer relationnellement suppose aussi un devoir d'écoute vis-à-vis de l'autre. C'est lui laisser son temps de parole, le respecter dans ce qu'il dit, ne pas émettre, dans un premier temps, d'opinion sur ce qu'il énonce, ni même d'avis positif ou négatif, pour lui permettre de se dire avec le maximum de liberté. Essayer de l'écouter et de l'entendre, de là où il se dit, avec ce qu'il est aujourd'hui !

Cela signifie pouvoir respecter les priorités suivantes :

• Se donner le droit :
– de parler, de se positionner;
– de pouvoir le faire jusqu'au bout de sa pensée, sans être interrompu.

• Se donner les moyens de se faire entendre par l'autre, en l'invitant à reformuler... ce qu'il a entendu !

• Se reconnaître en retour le devoir :
– d'écouter l'autre, de le laisser se positionner;
– de le laisser s'exprimer jusqu'au bout de ses idées sans l'interrompre, le couper ou le disqualifier;

– de l'entendre, c'est-à-dire de confirmer ce qu'il a dit :

« Dans ce que tu as dit, voici ce que j'ai entendu. »

Le fait d'entendre l'autre ne veut pas dire, comme nous l'avons déjà exprimé, approuver ou comprendre l'autre. Comprendre relève d'un autre stade, celui de l'aide ou de la résolution du problème posé. Dans cette première phase de la communication, il importe déjà, simplement, et ce sera beaucoup, de se donner les moyens d'exercer son droit à la parole, de reconnaître ce même droit à l'autre, d'être à son écoute.

« Après quelques années de pratique consciente sur ces bases simples de la communication, j'en perçois les effets extraordinaires sur la qualité des relations que je noue avec les autres, sur le plaisir que je ressens à être avec eux, et non plus simplement d'être posé à côté d'eux, chacun enfermé dans ses questions, ses problèmes. Avant je m'exprimais, les autres s'exprimaient, nous avions une communication en miroir, réduite à des transmissions d'informations. Nous restions chacun à l'intérieur de nous, même si nous étions à côté. Aujourd'hui, j'ai du plaisir à écouter l'autre parler, du plaisir à le recevoir quand je me sens stimulé, ou plus simplement à accueillir ce qui vient de lui comme venant... de lui. Lorsqu'il peut m'entendre à son tour, je me sens en quelque sorte amplifié. »

La confirmation est l'instrument de cet « entendre » qui ne veut pas dire entente. Entendre, non pas au sens d'être d'accord, mais dans celui d'avoir recueilli, entendu ce qui vient de l'autre comme lui appartenant en propre. La confirmation est très importante, c'est elle qui clôt, si nécessaire, la première phase d'une communication. C'est la reformulation ou simplement l'expression de l'écoute, qui va donner à un échange la possibilité de se poursuivre sur une dynamique de réciprocité et de confiance mutuelle.

> *« J'entends ce que tu me dis, je perçois ta difficulté, ton émotion. J'ai entendu ton vécu dans ce que tu viens d'exprimer à propos de telles ou telles difficultés ou problèmes ou questions... »*

Le recours à la visualisation et à des symbolisations pour donner une forme au contenu de la communication

L'objet de la communication risque d'être trop flou, trop abstrait lorsqu'il touche à des désirs, des attentes, des ressentis, des émotions. En les représentant par un objet, en les symbolisant, cela permet de se distancier vis-à-vis de ce qui est dit, de ne pas confondre la personne et ce qu'elle dit. La symbolique permet à une personne de ne pas être confondue avec ce qu'elle éprouve[1].

1. C'est une règle d'hygiène relationnelle essentielle, de ne pas confondre le sujet et l'objet. Le sujet : celui qui parle, l'objet : ce dont il parle. Cela introduit comme corollaire qu'il est important d'accorder de l'attention à la personne et pas seulement à ce qu'elle dit. Celui qui vit le problème mérite autant d'attention, sinon plus que le problème !

> *« Je te montre ma tristesse que j'ai symbolisée par cette pierre ramassée ce matin dans mon jardin. La tristesse que j'ai ressentie lorsque tu as oublié de préciser au cours de la réunion que c'était moi qui avais eu telle idée. Je ne me suis pas senti reconnu dans mon travail. »*
> *« En représentant par un objet différencié de moi ce que je dis, je montre à l'autre que lui non plus ne doit pas me confondre avec mon expression. »*

Le risque d'amalgame, celui d'être confondu avec sa demande ou avec une problématique, celui d'être réduit à la situation du moment... est ainsi considérablement diminué.

> *« J'entends ta colère qui est vraiment noire comme cette pierre. Je vois aussi que l'émotion que tu ressens et que tu symbolises de cette façon est différente de toi, de cette personne que je connais, qui est habituellement gaie, enjouée. Je te reconnais dans ta colère et je ne te confonds pas avec elle. Pour ce qui est de la cause de cette émotion, je ne sais si tu peux en parler, mais voilà ce que moi j'ai le désir de te dire, ce qu'elle provoque ou rejoint en moi... »*

Ainsi, la symbolisation devient un outil très important de l'expression, pour donner une forme à ce qui est ressenti, pour favoriser l'échange et le partage avec l'autre, pour dissocier les différents éléments du problème qui seront à prendre en compte dans la relation.

Prenons par exemple le cas d'une demande d'augmentation, importante pour celui qui l'énonce et, peut-être, désagréable pour celui qui la reçoit.

> *« Je vous présente (par cet objet) ma demande d'être augmenté. Je ne veux pas être confondu avec ma demande si celle-ci déclenche de l'irritation ou provoque un malaise chez vous.*
> *— Je vous entends, vous et votre demande. Il m'appartient donc de me positionner devant vous, dans votre désir d'être valorisé et confirmé dans la valeur de votre travail. Il m'appartient aussi de me positionner devant votre demande qui me dérange par rapport à des prévisions financières déjà établies, qui m'interroge ou me déstabilise par rapport à un souci que j'ai de réduire les coûts, d'être concurrentiel sur un marché difficile, qui m'inquiète aussi, si j'y réponds positivement, par les répercussions certaines auprès de vos collègues qui risquent d'avoir envie, eux aussi, de demander une augmentation. Mais c'est bien à moi de me confronter à tout cela... sans avoir à le faire peser sur vous. »*

La symbolisation a aussi des effets positifs importants lorsque des personnes sont en souffrance, envahies par des émotions fortes. Dans le cas, par exemple, où notre réaction habituelle consiste à nous identifier à un échec.

> *« Je me suis planté, je n'ai pas réussi ce travail très important qui m'était demandé et sur lequel mes collègues comptaient beaucoup pour pouvoir également*

avancer. Je suis vraiment nul, c'est une catastrophe, que vont-ils penser de moi ?... »

En symbolisant le résultat ou l'objectif, nous évitons de confondre le travail inachevé ou insatisfaisant et la personne. La personne ne doit pas être confondue avec la tâche inachevée ou le résultat, il n'y a aucune raison d'amalgamer les deux.

« En symbolisant par un objet, je me différencie de mon insatisfaction, de ma peur, du jugement des autres. Ainsi le travail inachevé, je peux le symboliser par ce dossier froissé au sol et ma peur d'être jugé, par ce cendrier renversé. »

Il serait possible de venir vers des collègues et de témoigner avec ses deux symboles et ce commentaire :

« Je voudrais témoigner de ma gêne de ne pas avoir terminé ce travail sur lequel vous comptiez beaucoup et la crainte que j'avais d'être mal jugé par vous. »

Pour certains, cette pratique peut paraître puérile, elle peut être vue comme une façon infantile d'exprimer les ressentis et les sentiments. En réalité, au-delà de la gêne initiale, cette technique est très puissante dans le sens où elle est porteuse non seulement d'une « mise en mots » possible mais aussi susceptible de démêler les faits du ressenti. Elle permet de matérialiser une pensée, un sentiment. Tout d'abord elle a un effet de soulagement, le poids émotionnel d'un res-

senti s'en trouve allégé du seul fait de pouvoir l'exprimer et aussi de le montrer.
Enfin, la symbolisation ou la visualisation permettent à l'autre de mieux comprendre et de mieux percevoir ce que vous ressentez. C'est exactement comme la fleur que vous offrez à votre fiancé, votre ami ou votre femme, pour lui exprimer vos sentiments ou vos désirs. Vous montrez à travers un objet, vous extériorisez quelque chose qui est au fond de vous ou qui paraît parfois de l'ordre de l'indicible.

- Un lieu, un temps.
- Un positionnement clair.
- La distinction entre moi, l'autre et la relation.
- Un droit à la parole, un devoir d'écoute.
- Le recours à la symbolisation.

Voici les **cinq bases d'une communication vivante** qui tendrait vers plus de créativité. Les connaître sera important et indispensable mais ne sera pas suffisant pour une communication interpersonnelle efficace. Nous invitons à pratiquer quelques règles d'hygiène relationnelle pour conforter ces bases.

IV

RÈGLES DE L'HYGIÈNE RELATIONNELLE

Comme nous l'avons ébauché dans le deuxième chapitre de cette partie, entrer en relation vivante, c'est se donner les moyens de créer de véritables échanges en réciprocité. C'est laisser circuler entre les protagonistes, et au-delà des faits, le maximum de vécu et de ressenti. Pour cela, nous proposons de respecter et de mettre en pratique quelques règles d'hygiène relationnelle précises dans toutes nos relations, qu'elles soient personnelles ou professionnelles.

Faire la différence entre échanger et exprimer

S'exprimer, c'est passer de l'impression à l'expression, c'est tenter de traduire par des messages variés ce qui se passe à l'intérieur de nous vers l'extérieur, vers un destinataire.

> *« J'éprouve, je sens, j'ai une idée, un point de vue et je souhaite m'exprimer là-dessus ! »*
> *« Je parle et j'attends une écoute. »*
> *« Tu parles et je m'efforce de te proposer une écoute. »*

Échanger, au-delà d'une expression mutuelle possible, ce sera prendre le temps d'accueillir, d'amplifier, voire de transformer ce qui vient de l'autre en le clarifiant ou en l'amplifiant.

> *« Je me dis et je m'attends à être entendu, c'est-à-dire à être non seulement accueilli mais à avoir un retour et c'est à moi de m'occuper de ce besoin. »*
> *« Je prends le temps de te laisser te dire et je me mets à ton service pour t'entendre. »*

Attention cependant, tout échange peut déboucher sur une mise en question de l'un ou de l'autre protagoniste :

• Ce qui est dit n'est pas nécessairement ce qui est entendu.
• Ce que je reçois éveille en moi des associations, des résonances, des interrogations auxquelles l'émetteur n'avait pas pensé.
• L'écoute dynamique de l'autre va peut-être me permettre d'entendre... ce que je dis.
• L'impact de ce que je dis et son retour sur moi par l'écoute active de l'autre peuvent m'ouvrir à un autre regard sur ce que je fais, sur ce que je pense, ce que je crois...

Prendre l'habitude de représenter la relation par une écharpe, pour en distinguer les deux bouts

Une relation a nécessairement deux bouts, avec une personne de chaque côté. Pour faciliter cette identification et éviter les confusions fréquentes de ces deux bouts, nous conseillons de représenter la relation par une écharpe[1], une ficelle... ou tout autre symbole qui marque bien les trois éléments de la relation : MOI, L'AUTRE et le LIEN. Chacun de ces trois éléments étant distinct et non dépendant des autres, il sera plus facile d'éviter de les confondre. Ceci nous aidera à :

• Veiller à ne parler qu'à partir de son bout :

« Quand j'exprime ma colère ou ma déception, je ne cherche pas à t'accuser de quoi que ce soit, mais juste à parler de mon ressenti... »

• Inviter et demander à l'autre de parler au sien :

« Je te demande de parler à ton bout de la relation, sur ton ressenti, au lieu de me critiquer ou de me dire ce que je n'ai pas fait ou ce à quoi j'aurais dû penser... »

• Distinguer la relation de chacun des protagonistes qui sont à chaque extrémité :

« Ce n'est pas parce que je donne mon point de vue sur la façon dont nous sommes en relation tous les deux que je te critique, toi ou que je me juge, moi. »
« Quand je parle de la relation, je tente de montrer ce qui circule entre nous, soit en termes positifs, soit

1. Nous parlons alors d'écharpe relationnelle.

en termes négatifs. Ce n'est pas toi que je mets en cause... »

• Prendre en charge, chacun de son côté, la responsabilité de son engagement dans la relation et pouvoir le réactualiser si nécessaire.

« C'est vrai que je me suis engagé avec toi sur ce projet, mais les conditions ayant changé, je tiens aujourd'hui à revoir cet engagement. »

• Si chacun accepte de prendre en charge son bout de la relation, il accepte alors implicitement de ne pas s'occuper ni de prendre en charge ce qui se passe chez l'autre.

« J'ai compris le travail qui m'a été confié, j'en assumerai la responsabilité dans les délais, mais je te demande de t'assurer de ton côté que les éléments dont j'ai besoin et qui sont en ta possession me soient fournis à tel moment... »

Ces principes de base ont pour conséquence de permettre de ne pas confondre la « mise en mots... et la mise en cause ».
Car trop souvent, dans une tentative d'échange, nous percevons plus ou moins clairement que ce que nous tentons de dire sur notre façon de voir ou de ressentir est entendu par l'autre comme une critique, une évaluation de sa personne !

Veiller à l'équilibre des possibles dans une relation

Une relation d'échange repose sur quatre possibles valables pour les deux protagonistes :

- Ai-je la possibilité de demander ?

  « Je te demande de... »

ou d'inviter ?

  « Je te propose de... »

- Ai-je la possibilité de donner ?

  « Je t'offre... »
  « Je te donne cette information [sans contrepartie]. »

- Ai-je la possibilité de recevoir ?

  « J'accueille... [sans avoir besoin de rendre, de donner à mon tour]. »

- Ai-je la possibilité de refuser ?

  « Je m'affirme à partir d'un choix, d'une position personnelle, d'un désir différent [en distinguant le refus d'opposition (rejet) d'un refus d'affirmation (positionnement différent)]. »

Veiller à développer le maximum de réciprocité

Une relation saine est une relation qui permet, dans la durée, les possibles d'une alternance dans les positions d'influence. Nous appelons position haute celle qui est occupée par celui qui influence autrui, et position basse celle qui est occupée par celui qui reçoit, accepte ou subit l'influence.

Chacun d'entre nous aspire, quels que soient sa fonction ou son statut dans l'entreprise, à occuper la position haute. Tout l'équilibre humain intime repose sur cette capacité d'influencer, de modifier, d'agir sur l'environnement et les êtres qui nous entourent.

Quand cette possibilité nous est refusée, quand elle est bloquée ou paralysée par la rigidité du système institutionnel ou par la prise de pouvoir excessive et constante d'un personnage clé, nous allons quand même tenter de l'exercer, soit dans le milieu même de l'entreprise (sur les objets[1] ou sur les subordonnés, crise aiguë d'autoritarisme), soit à l'extérieur dans le milieu conjugal, familial ou social proche. Ainsi certains se transforment, sitôt rentrés chez eux, en petits tyrans domestiques vis-à-vis de leurs proches (femme, enfants, chiens ou chats...) quand ils ont été contraints, humiliés ou réduits à l'impuissance dans le cadre professionnel.

1. Pourquoi croyez-vous que les plantes vertes se développent ou meurent dans certains bureaux ?

Veiller à proposer une relation de type créatif et non infantilisante

Que ce soit avec des subalternes ou des supérieurs, puis-je m'inscrire dans une relation de type ouvert, plus que fermé ?

« J'invite, je suggère, je propose » plutôt que « J'exige, je m'arrange pour que... je fais pression sur... »
« Je t'offre » plutôt que « Je t'impose »
« Je reçois, j'accueille » plutôt que « je prends »
« Je m'affirme » plutôt que « Je m'oppose. »

Créer les conditions pour favoriser l'évolution des personnes concernées

Créer une relation qui permette à chacun des protagonistes d'évoluer vers leurs possibles et d'agrandir le meilleur d'eux-mêmes.
Nous différencions deux grandes familles de désir :

• Le désir vers, quand mon désir est dirigé vers l'autre, à partir de stimulations, de propositions, d'invitations, de mouvements dynamiques susceptibles d'introduire un changement, une autre façon de faire.

« C'est vrai que j'avais le désir de réussir ce projet avec toi, de le faire aboutir grâce à ton savoir-faire. »

• Le désir sur, quand mon désir porte sur le désir de l'autre, que je voudrais semblable au mien. En tentant d'obtenir l'accord, de modifier le désir de l'autre, de le réduire à mes propres attentes, j'entretiens une sorte de terrorisme relationnel endémique.

> *« Je me suis piégé moi-même, comme tu paraissais intéressé j'avais pensé que tu faisais tien mon propre projet. »*

Utiliser de façon appropriée le *je* au lieu des *tu* (à base d'injonctions) ou des *on* (impersonnels) et des *nous* (trop fusionnels)

> *« Je me sens démuni, je n'ai jamais appris à faire cela », au lieu de « On ne sait pas faire, on ne nous a jamais appris ! »*
> *« Je manque d'informations et je suis trop souvent confronté à une décision prise sans être consulté », au lieu de : « On ne nous dit jamais rien dans cette boîte ! On est toujours mis devant le fait accompli... »*
> *« Je me sens capable de m'associer à ton projet », au lieu de : « Nous allons le faire ensemble puisque nous sommes d'accord ! »*
> *« Je m'engage à t'aider, si tu peux mobiliser d'autres collègues autour de ça. Je pense que nous pouvons réussir », au lieu de : « Si on s'y met tous, on y arrivera ! »*

On et *nous* enferment en général la discussion dans des généralisations ou des lieux communs qui empêchent d'aller au fond des questions abordées.
Le *je* demande plus d'implication et d'engagement personnel.
Si nous apprenons à ne parler que de ce qui nous concerne directement, nous allons plus loin dans

l'échange et nous renforçons la qualité de la relation.

- Là où je suis directement concerné, j'emploie le *je*.
- Là où tu te sens concerné, je t'invite à employer le *je* pour t'exprimer, pour te positionner correctement et énoncer tes propres ressentis, projets, doutes ou contraintes et difficultés.

L'emploi du *je* n'est pas destiné à envahir, à étouffer l'autre par une expression égocentrique. Il peut s'accompagner de la phrase suivante qui sera une invitation à la réciprocité :

> *« Je viens d'exprimer ce qui se passe, ce que je ressens, je souhaite entendre ton propre ressenti ou ta position sur cette question importante pour moi, et je t'invite à me les faire connaître. »*

Chaque fois que je peux bannir de mon langage le *tu* qui réduit l'autre, qui l'enferme dans des injonctions, je permets d'avancer dans l'échange, j'agrandis les possibles de la communication.
Chaque fois que je recentre l'autre sur lui quand il est tenté d'utiliser le *tu*, je ne me laisse pas enfermer, limiter ou réduire par sa perception.

> *« Tu n'es pas capable de, tu ne sais pas faire, tu te trompes, TU, TU, TU, TU, TUTU... »*

Je peux aussi utiliser la confirmation :

« Oui, toi tu me vois comme quelqu'un qui n'est pas capable de... »

Et je reprécise mon positionnement chaque fois que je me sens défini par quelqu'un.
En veillant à utiliser un *je* qui invite l'autre à se positionner, à exprimer ses désirs et ses ressentis, qui ouvre à plus d'intimité, et invite à la réciprocité, je nourris la relation et la vitalise.

« Je t'invite à exprimer ton avis..., cela me ferait plaisir de partager le mien avec toi. »

Il est bien clair que dans beaucoup d'entreprises où ne circule pas le *tu* d'intimité ou de familiarité facile, le *vous* utilisé n'est souvent qu'une variante plus policée de la relation Klaxon, qui remplit donc la même fonction.

Confirmer, encore confirmer, toujours confirmer

Bien qu'inspirée de la technique bien connue de la reformulation, utilisée en entretien d'aide, la confirmation ne consiste pas simplement à redire ce que l'autre a exprimé, mais à l'assurer qu'il a été entendu, que son message a été reçu.

« Je te confirme que j'ai entendu ta joie, ton enthousiasme, ton projet, ta peine, ta tristesse, ta difficulté à... »
« J'ai bien entendu ton souhait de changer de bureau... »

La confirmation sert aussi à se positionner, à éviter d'être défini par l'autre en laissant ou en « remettant » chez lui son regard, son point de vue, comme quelque chose qui lui appartient en propre.

> *« Oui, tu me vois comme cela, tu penses que c'est moi qui ai fait cela... C'est bien ton regard, ton écoute à toi. Je ne me reconnais pas, cette vision que tu as de moi t'appartient. Comme je ne peux y adhérer, je la laisse chez toi. »*

La confirmation va au-delà de la reformulation en ce sens qu'elle permet de se situer hors du champ de la perception de celui qui nous parle. Elle est éprouvante à vivre pour les deux protagonistes, car elle démystifie l'illusion de la toute-puissance infantile qui nous laisserait croire que nous savons pour l'autre. Elle désamorce l'appropriation des sentiments et des perceptions.

> *« Je ne suis pas mauvais parce que l'autre me voit comme mauvais. »*
> *« Je ne suis pas nécessairement un incapable parce que l'autre est insatisfait de mes résultats. »*

La confirmation recadre ainsi les deux bouts de la relation. Elle n'est ni une fuite ni un évitement pour celui qui la pratique. Car je peux aussi me laisser interpeller, m'interroger, écouter en moi si la perception de l'autre ne touche pas à une zone d'aveuglement, s'il n'y a pas quelque argument fondé ou valable et intéressant dans ce qu'il ressent de moi, qu'il m'appartiendra de

laisser « travailler » en moi, et qui me permettra de mieux passer du réactionnel au relationnel.
La confirmation permet de respecter le ressenti de l'autre qui n'est pas en soi contestable puisque c'est le sien. Confirmer ne veut pas dire approuver ni être d'accord avec le regard de l'autre, mais accepter de laisser chez lui cette perception, ce regard qu'il a de moi !

Identifier clairement le niveau de relation dans lequel se situe l'action

Nous avons déjà insisté sur les trois niveaux de relation auxquels nous pouvions nous situer :
- hiérarchique ;
- fonctionnel ;
- personnel.

Cette distinction est d'autant plus importante que les structures changent de forme, se modélisent autour de références nouvelles. Par la mise en parallèle des tâches, la réduction des niveaux hiérarchiques et la mise en place de structures par projet, une même personne peut se trouver investie de plusieurs missions avec un contenu relationnel différent. Il est donc capital de toujours bien préciser le niveau dans lequel nous nous situons. C'est important pour les managers qui peuvent se positionner alternativement sur ces trois niveaux et n'être pas réduits (par les autres mais aussi par eux-mêmes) à un seul niveau de relation : le niveau hiérarchique.

« Je te parle en ce moment sur plusieurs plans. Comme responsable du service, je voulais te dire à quel point le fait d'arriver en retard à chaque réunion est difficile pour l'équipe qui ne se sent pas respectée. Pour moi en particulier, tes retards me mettent en difficulté et perturbent mes propres engagements. Je te demande d'y remédier, je ne souhaite pas entrer en conflit avec toi. Il t'appartient d'écouter en toi à quoi ces retards te renvoient. Je te rappelle que nous sommes coauteurs de la relation engagée entre nous... »

Distinguer les faits du ressenti et du retentissement

Une des difficultés de la communication interpersonnelle dans la vie mais aussi dans l'entreprise vient de la confusion entre les faits et les ressentis, entre les ressentis et les opinions toutes faites. Chacun a le droit d'avoir des opinions sur tout, mais les conversations sont souvent pleines du vide des opinions réductives ou triviales, sans contenu réel. Se développe trop souvent une « communication superficielle, en conserve » nourrie de lieux communs, de plaisanteries éculées ou d'approximations suffisamment vagues pour n'interpeller personne. Une opinion appartient à la personne qui l'émet, elle n'est donc pas contestable en soi si elle correspond à une expression personnelle. Mais elle n'est pas non plus nécessairement un élément créatif et peut être parasitaire dans une tentative de mise en commun, si elle ne sert qu'à entretenir des jeux de pouvoirs ou de vanités personnelles.

Prendre conscience du parasitage possible des opinions à l'emporte-pièce et des résistances qu'elles peuvent provoquer dans une relation est un atout important. Être concret, parler de faits précis, décrire une situation à partir de quelques repères (où ? quand ? avec qui ?...) sont autant de compétences qui s'apprennent. Exprimer son ressenti vis-à-vis des faits ou de la situation, être concis, concret et suffisamment lucide pour contribuer à l'avancée d'un problème, à la clarification d'une situation ou d'un événement sont des possibilités qui peuvent se cultiver aussi... et à tout âge.
Donner une opinion, c'est risquer de parler dans le registre de son propre imaginaire, celui de ses croyances, en fermant l'échange ou en provoquant une contre-réaction.

« Je n'aime pas les étrangers, ce sont tous des voleurs. »
« Ceux qui n'aiment pas les étrangers sont tous des racistes. »

Exprimer un fait suivi d'un commentaire issu de son ressenti, ce n'est pas fermer l'échange, c'est poser une balise à partir de laquelle l'autre pourra se positionner, s'il en a le désir.

« En France, il y a une telle inflation des charges et une telle lourdeur bureaucratique que cela me semble décourager à la fois la création et le développement des nouvelles entreprises. Il faut, me semble-t-il, beaucoup de courage ou d'inconscience pour prendre le risque d'investir actuellement... »

Éviter les jugements de valeur, relativiser les certitudes et les évidences

Chaque fois que j'émets des jugements de valeur, je risque d'étiqueter, d'enfermer dans une globalisation un être aux ressources multiples. Je risque de le réduire à une image, à une négation. Que j'en sois l'émetteur ou le récipiendaire, le jugement de valeur est le moyen le plus sûr de blesser la tentative de communication. Quand une personne pose des jugements de valeur, elle n'accroît pas son champ de réflexion, elle limite et sa propre richesse et celle de l'autre. Les croyances sont à la fois des ingrédients nécessaires pour donner à une démarche relationnelle une dynamique et une fougue, mais elles peuvent aussi se révéler aliénantes, devenir des sources de résistance au changement. Changer ne veut pas dire nécessairement renoncer à un acquis, à une certitude ou à une valeur établie, mais avoir la souplesse, la mobilité, la possibilité de l'utiliser autrement.

« Cela fait vingt ans que je fais comme ça, et ça marche très bien ainsi, je ne vois pas pourquoi je changerais quelque chose à ma façon de faire ! »
« Moi, je crois dur comme fer qu'il ne faut faire confiance à personne... »
« Comme on faisait auparavant, c'était bien mieux pour le client... »
« Je pars à la retraite dans trois ans, ce n'est donc pas maintenant que je vais commencer à changer, ou voir les choses autrement. »

Le jugement de valeur est aussi la plus sûre des forteresses contre la peur et contre l'influence possible de l'autre.

> *« Ils ont des jugements sur tout et peut-être sur moi, alors moi aussi, j'en ai sur tout (et sur le reste aussi), et bien sûr sur eux, comme cela s'ils m'agressent, je pourrai me défendre et me retrancher derrière mes certitudes. »*

Être plus clair avec soi, tenter de garder une cohérence, c'est refuser les disqualifications, les accusations que l'autre me porte ou la culpabilisation qu'il utilise. **C'est parfois l'autre qui tente de me culpabiliser, mais c'est souvent moi qui me laisse culpabiliser par ce qu'il me dit.**

S'affirmer, ce n'est pas toujours prendre le contrepied de ceux qui émettent des jugements sur moi, car « faire l'inverse » ou me laisser entraîner dans une attitude réactionnelle ne me permet pas toujours de garder ma cohérence.

Rester dans le réactionnel est possible et couramment pratiqué. Cela, nous savons le faire… spontanément !

> *« C'est une idée inacceptable, il faut être vraiment incompétent pour oser me proposer ce travail à la con ! »*

Pratiquer un peu plus de relationnel pourrait devenir un objectif à atteindre, une habitude à développer.

« Vous avez le droit de trouver ce travail inacceptable, j'aurais aimé connaître préalablement vos critères. Ce travail est une chose différente de moi, je ne m'identifie pas à lui, même si c'est moi qui vous le propose. Je ne me sens pas incompétent pour autant. Pour ma part je garde ouvert l'échange sur ce nouveau projet. »

Être à l'écoute du retentissement

Les émotions sont le langage du retentissement.
Il m'appartient de me donner les moyens

« d'entendre ce que tel événement, telle relation éveille en moi. Rien ne m'émeut par hasard. La question est de savoir ce qui est touché ou réactivé en moi quand je m'énerve, quand je m'emporte sitôt que l'autre m'adresse un reproche ou émet une opinion que je ne partage pas ».

Une bonne hygiène relationnelle impose d'être à l'écoute de ses ressentis pour être capable de « grandir » dans une relation, pour la rendre à la fois plus interpellante, plus efficace, plus fluide et plus créative.
Quand chacun accepte d'écouter les émotions qui naissent en lui selon les situations rencontrées dans le travail, il peut accéder à l'écoute du retentissement. C'est parfois au prix d'un travail individuel, d'une évolution personnelle qu'il sera possible de sortir des schémas d'opposition, de fuite ou de conflit.
Lorsque je peux entendre que j'ai ressenti comme une agression telle ou telle remarque, qui a réveillé en

moi une vieille blessure, je deviens plus centré, plus cohérent, plus mature. La réaction la plus banale est en général de se défendre, de fuir ou d'attaquer, plutôt que d'exprimer son ressenti. De se fâcher, de se mettre en colère plutôt que d'entendre son émotion pour reconnaître ce qui a été atteint en soi.

« Quand je suis capable d'accompagner les émotions, chez les autres, pour leur permettre d'entendre ce qui a été réactivé, blessé ou meurtri en eux par un événement, une situation, une parole ou un geste, c'est que j'ai fait moi-même beaucoup de chemin en ce sens. »

Sachant que **tout ce qui ne s'exprime pas s'imprime**, il est souhaitable de favoriser l'expression au-delà de l'émotion, ou du retentissement.
Cette pratique permettra d'éviter quelques somatisations, du stress et de l'angoisse, en un mot de devenir, d'être plus énergétigène (ou générateur d'énergie).

Nourrir les relations, les entretenir, les dynamiser

« Je suis créateur à part entière de cette relation et de la communication que j'établis avec l'autre. Même si je ne partage pas son avis, sa position, même si je ne peux pas entrer dans toutes ses demandes, je peux quand même être clair sur mes positions, entretenir un cadre relationnel qui favorise le respect mutuel et la compréhension réciproque. Si je respecte quelques-unes des règles précédentes, alors probablement la

relation sera nourrie et l'échange possible, la créativité stimulée et le meilleur des possibles de chacun pourra s'y développer. »

Les malentendus, les pièges de l'incommunication sont nombreux, il ne sera pas possible de les éviter tous, mais nous pouvons éviter de les entretenir quand nous les rencontrons ou quand nous les pratiquons... par erreur.
Certes, l'application de ces quelques règles d'hygiène relationnelle demande un travail de remise en cause, de transformation des comportements et des habitudes. Et il ne suffira pas de décréter ce changement pour qu'il se produise, il sera nécessaire de l'accompagner par un certain nombre de mesures dont nous présenterons le contenu dans les deux parties suivantes.

QUATRIÈME PARTIE

COMMENT FAVORISER DES RELATIONS VIVANTES DANS L'ENTREPRISE

Derrière le personnage, il y a toujours
... la personne.

Les principes présentés dans la partie précédente posent les bases d'un nouveau type de relation dans l'entreprise. Encore faut-il que les personnages clés du management les accueillent ou les reçoivent comme une opportunité ou comme une chance pour progresser vers plus d'efficacité, plus de performance collective.
Nous avons proposé dans la deuxième partie l'idée que **l'absence de projet commun et partagé, au service d'une ambition ou d'un objectif communs**, était une des causes principales de la non-motivation et de la difficulté à mobiliser les énergies et les compétences individuelles.
Ainsi, nous allons présenter dans cette quatrième partie comment le relationnel peut être mis au cœur de la politique sociale du projet d'entreprise.
Pour cela, quelques repères et balises peuvent être proposés. Ils concernent en particulier une vision mobilisatrice du projet d'entreprise (seule capable de rassembler les énergies individuelles pour en faire une force collective), une nouvelle perception du rôle des managers (porteuse d'un type de relation entre les personnes plus vivant et donc plus créatif), et enfin un mode de collaboration basé sur un positionnement clair et un engagement réel (aussi souvent qu'il est possible) de chacun des acteurs.

I

UN PROJET MOBILISATEUR OÙ LE RELATIONNEL EST AU CŒUR DE LA POLITIQUE SOCIALE

Un projet d'entreprise[1] est un tout cohérent qui présente une vision et fixe un ensemble d'objectifs et d'ambitions à partir du métier de base et des spécificités de l'entreprise, ainsi que de sa situation concurrentielle[2]. Ce projet lie les hommes et les femmes, il donne une direction et un sens à leurs actions, il permet d'obtenir la cohésion du groupe autour d'un objectif plus grand que les aspirations individuelles. Il transcende les intérêts partisans, focalise les énergies sur un but commun. Il attise le désir de produire, de créer, d'agir ensemble de façon cohérente.

Contenu du Projet d'entreprendre

Pour obtenir cet impact essentiel, il doit être développé autour des cinq niveaux suivants[3] :

---

1. Nous préférerons parler d'ENTRE-PRENDRE pour insister sur le fait de Prendre Ensemble, c'est-à-dire Agir Ensemble (voir la première partie, chapitre II).
2. Voir à ce propos *Le Management transfonctionnel*, *op. cit.*
3. Un développement plus complet de ces principes est proposé dans l'ouvrage cité précédemment.

• **La raison d'être** : qui se définit à travers le métier, la finalité, la vocation et la légitimité de l'entreprise.
La raison d'être propose le *cadre* de l'action collective et le *sens* à partir duquel chacun peut se positionner et définir ses propres actions en cohérence avec celles des autres.
• **L'ambition** : qui précise les défis que l'entreprise se donne pour mission ou se charge de relever, les domaines stratégiques, les buts généraux, et enfin les objectifs transfonctionnels[1] qu'elle souhaite prendre en compte.
Elle donne la *direction* et l'*ampleur* de l'action en fonction du marché et de la situation concurrentielle de l'entreprise. Elle permet de positionner l'entreprise sur une trajectoire vis-à-vis de laquelle chaque fonction et chaque personne définira les moyens de sa propre contribution à la réalisation de l'ambition collective.
• **Les valeurs** : les valeurs fondamentales de l'entreprise, la politique envers les acteurs principaux (clients, salariés, actionnaires et fournisseurs), la déontologie professionnelle relative au métier et les règles de fonctionnement principales qui en découlent.
Elles s'appuient sur une éthique et définissent les orientations et les grands *principes* de l'action. Elles constituent le noyau fédérateur le plus fort des points fondamentaux du projet. Elles servent de références garantissant l'intégrité de l'institution et des personnes dans le cadre de l'action collective.

1. Trans-fonctionnel = au-delà des fonctions, au-delà des intérêts partisans, fonctionnels.

• **Le positionnement** : le marché, la clientèle potentielle visée, les produits ou services offerts, la position recherchée, et les principaux rôles que l'entreprise veut jouer sur son marché.
Il détermine le *lieu* et le *type* d'action nécessaires pour permettre à chaque acteur d'inscrire son propre agir en cohérence ou en complémentarité avec celui des autres membres de la collectivité, de comprendre la finalité de sa tâche et sa contribution au service du client.
• **La structure** : qui regroupe l'ensemble des activités de base autour desquelles l'entreprise s'organise, les missions et processus stratégiques, opérationnels et de soutien (le cycle de vie du produit/service de l'entreprise, et les principes fondamentaux de management).
Elle définit les *activités*, les principes de *fonctionnement* nécessaires pour *agir*, pour réussir son positionnement et réaliser ses ambitions.

Le contenu de ce projet et les réponses données aux différents niveaux évoqués auront à s'inscrire dans le contexte stratégique de l'entreprise que nous n'abordons pas ici.
L'existence d'un projet commun et partagé, qui permette la convergence des énergies individuelles au service d'une ambition commune, est le plus sûr moyen d'obtenir la mobilisation du personnel. Son absence, constatée dans la plupart des entreprises, ou sa non-connaissance par les acteurs, apparaît souvent comme un des facteurs de blocage, d'inhibition des énergies et des compétences individuelles. Ainsi,

pour lutter contre cette situation de crise relationnelle, il est nécessaire de développer une ambition d'entreprise qui permette à chacun des partenaires de trouver le moteur de son propre développement personnel et professionnel. Il est souhaitable aussi que le fonctionnement de ce moteur repose sur des bases relationnelles saines et respectueuses des principes que nous avons longuement présentés dans la partie précédente.

Développement d'un ensemble de principes et de valeurs pour favoriser des relations créatives

Le Projet d'entreprendre a pour objectif de faciliter le développement :

• Du « mieux-vivre ensemble » à partir :
– du projet commun qui, en étant formulé et partagé, permet de rassembler, motiver et donner envie de se dépasser ;
– de valeurs communes pour développer des liens vivants pour une reconnaissance de soi et de l'autre ;
– de principes de fonctionnement relationnel admis par tous et reconnus pour leur contribution à la réussite de l'entreprise.
• Du « mieux-être avec soi » :
– en développant une autre relation à soi (à base de confiance, de respect...) ;
– en favorisant l'expression de ses ressentis dans le cadre du travail ;

– en assurant la reconnaissance des contributions individuelles à la réussite commune ;
– en garantissant le respect de la charte des droits des salariés[1].

• Du « mieux relationnel avec l'autre » :
– en connaissant les bases de la communication interpersonnelle ;
– en respectant les principes d'une hygiène relationnelle cohérente ;
– en se donnant du temps pour créer, nourrir et dynamiser la relation ;
– en respectant les principes de la carte d'identité relationnelle ;
– en se donnant les moyens de développer la confiance les uns envers les autres.

1. Voir la Charte de vie relationnelle dans mon travail, Annexes.

II

LA RESPONSABILITÉ DES MANAGERS ET LA TRANSFORMATION DE LEUR RÔLE

Ce projet aurait aussi, et peut-être avant tout, l'avantage de permettre aux managers d'évoluer. Au départ de la réflexion conduite précédemment, nous avons exprimé un principe concernant le management : **les managers sont porteurs des forces de transformation de l'entreprise et en sont les acteurs les plus représentatifs**.
Cet axiome de base s'appuie sur le proverbe chinois qui pose le principe que le poisson pourrit par la tête. Ce qui est vrai dans un sens l'est dans l'autre, à savoir que l'épanouissement peut venir aussi de la tête. Ainsi le manager est-il une des clés de la transformation des entreprises.
Que celui-ci soit convaincu d'une idée, et il saura se donner les moyens de la mettre en pratique. Le développement personnel du manager sera en quelque sorte au cœur du processus de croissance visant à la qualité des relations dans l'entreprise.

Quelques principes à l'usage des managers

Le Projet d'entreprendre est porteur d'une transformation de l'exercice de la responsabilité et du rôle des managers. À cet effet, les idées suivantes peuvent être cultivées :

- Un manager est au service de ses collaborateurs.
- Être manager, c'est exercer une fonction de référence dont on doit pouvoir témoigner dans ses décisions et ses actes.
- Être manager, c'est assumer des devoirs vis-à-vis des personnes, devoirs énoncés dans la Charte du manager[1].
- Un manager met en pratique des principes simples mais innovants pour stimuler sa réflexion, principes décrits dans les « clés de la transformation du management » [1].

Quatre idées essentielles qui peuvent ainsi dynamiser l'évolution de l'entreprise, qui bouleversent certaines pratiques traditionnelles du management, quatre idées simples, susceptibles de constituer un véritable credo du manager des Temps modernes.

> *« Voilà plusieurs années que je mets en pratique quelques règles d'hygiène relationnelle. Souvent je tombe dans les pièges de l'incommunication, parfois je me vois saboter, avec sincérité, la relation que je cherche pourtant à enrichir, d'autres fois je me heurte à l'incompréhension de mes collègues, mais toujours je trouve, dans la mise en pratique de ces règles, une immense satisfaction quand le regard de l'autre s'illumine d'un désir de contact, de partage et d'échange.*

1. Voir Annexes.

À ces moments-là j'oublie mes doutes, je ne pense plus aux difficultés rencontrées, je sens que nous allons commencer à créer ensemble. »

Les fonctions de base du manager

Les cinq grandes fonctions de base du manager sont :

- Donner une vision.
- Décider, planifier et assurer la gestion.
- Veiller à favoriser la mise en relation des personnes.
- Participer à l'action.
- Évaluer les résultats.

Parmi ses fonctions, la mise en relation (avec son support, la **communication relationnelle**) reste un de ses axes essentiels. Il est courant d'entendre dire que les managers savent diriger, donner des ordres et organiser, mais qu'ils ont des difficultés pour communiquer, pour échanger sur un mode relationnel, c'est-à-dire suscitant un partage réel. C'est probablement vrai dans le sens où ce sont des hommes souvent pris dans l'urgence, toujours sur la brèche d'une multitude de décisions à prendre. Comme nous l'avons déjà énoncé, les hommes et donc les managers n'ont en général pas appris à communiquer. Mais leur statut particulier, le caractère de modèle que leur confèrent leurs attributions, leur rôle d'animateurs (qui insufflent une âme aux actions de groupe) leur donnent plus qu'à d'autres des responsabilités. Leurs attitudes relationnelles et leurs stratégies de communication sont de ce fait particulièrement importantes puisqu'elles vont induire des réactions soit en miroir, soit en opposition chez leurs collaborateurs, qui seront amplifiées par tous les circuits et les systèmes de communication dominants dans l'entreprise.

Il est donc particulièrement important qu'ils apprennent à mieux communiquer.

C'est-à-dire à susciter des mises en commun efficientes. Nous développerons à cet effet une partie spécifique autour des outils de la relation créative à l'usage des managers dans la cinquième partie.

Car le prix à payer, lié aux difficultés du manager à communiquer et à entrer en relation avec les autres, est souvent onéreux. Il se traduit en termes de fatigue, d'irritation, de stress en eux et également chez leurs collaborateurs.

Il faut se rappeler que le **stress** est le seul phénomène terrestre qui n'obéit pas à la loi de la pesanteur : il remonte toujours vers les personnages clés de l'entreprise. Il résulte en général d'une impossibilité à se dire, à être écouté, à pouvoir lâcher prise sur des questions secondaires, à prendre du recul et à préserver des zones d'intimité non polluées par la fonction exercée. Plus les responsabilités du manager sont importantes, moins il trouve quelqu'un à qui parler de lui, quelqu'un qui l'écoute, qui se mette à sa disposition en se décentrant sur la personne. Ce constat a été l'un des moteurs du développement de nouveaux réseaux informels et de la participation parfois intense

à des associations (Rotary, Lion's, CJD...), même si ces organismes ne répondent pas toujours aux attentes sensibles et profondes de leurs membres.
Le métier de manager est un métier de solitude. Le manager se retrouve en effet le plus souvent isolé pour prendre les décisions les plus importantes ou les plus essentielles, face à des choix et des contraintes parfois impossibles à concilier.

L'autorité ou le pouvoir des managers

Nous pensons qu'un des rôles clés du manager n'est pas d'affirmer son pouvoir, mais d'accroître son autorité.
Le pouvoir se traduit par l'exercice d'une contrainte qui ira jusqu'à l'utilisation de la force ou de la menace, si ceux qui y sont soumis résistent ou ne s'inclinent pas. Si le recours au pouvoir est exercé trop fréquemment, c'est que l'autorité est défaillante ou n'est plus reconnue. Certains managers ont du mal à réunir les conditions nécessaires pour que leur autorité soit reconnue et non contestée :
- compétence au niveau des savoirs et des savoir-faire ;
- compétence au niveau du savoir-être (qualités morales, humaines, éthique personnelle) ;
- compétence au niveau du savoir-devenir (anticipation, engagement et sécurisation à court et moyen terme) ;
- compétence au niveau du savoir-créer, par la capacité à se renouveler, à innover.

L'autorité est, nous l'avons déjà vu, la capacité d'influencer autrui pour lui permettre d'exercer son activité, pour lui donner les moyens d'être plus lui-même, de se réaliser, de se développer. Elle n'est donc pas innée, elle s'appuie sur les constantes décrites ci-dessus. Quand le manager peut exercer une autorité qui permette à ses collaborateurs d'être plus eux-mêmes, de trouver une harmonie dans leur relation avec les autres personnes... alors il est bien à sa place et n'a nul besoin de se positionner en termes de pouvoir.

> *« Si je suis moi-même, j'ai moins besoin de parler sur les autres, de juger leurs actes, moins besoin de me défendre ou de contre-agresser quand j'ai le sentiment d'être agressé ou pris en défaut. Je peux rester plus stable émotionnellement face aux attaques ou aux tentatives de mobilisation dont je peux être l'objet ou l'enjeu. »*

Le manager est un stimulateur et un régénérateur d'énergie. Une autre de ses fonctions essentielles sera de créer les conditions permettant de maintenir vivace et à son plus haut niveau l'énergie de ses collaborateurs. L'aptitude à stimuler leur motivation s'appuiera sur sa capacité à savoir créer, à susciter des désirs et des projets, à mobiliser des énergies autour d'un engagement concret, à permettre d'accéder à la compréhension d'une situation, à faciliter l'accession à un autre niveau de conscience et de connaissance... Tels sont quelques-uns des modes de stimulation d'énergie incombant au manager. Pour répondre à ces enjeux, il importe qu'il développe ouverture d'esprit et aptitudes à communiquer de façon relationnelle.

Nous lui donnons aussi la mission d'être à la fois un focalisateur et un régénérateur d'énergies, quand celles-ci sont au plus bas. Prenons un exemple concret.

Certaines périodes, certaines situations de la vie d'une entreprise sont particulièrement « énergétivores ». Certains jours, le tissu relationnel d'un service, d'une équipe ou d'un département est atteint d'une véritable hémorragie d'énergie.

C'est bien souvent dans ces circonstances que surviennent les incidents, les erreurs, les accidents qui ont parfois des conséquences lourdes sur les personnes ou sur le travail, qui grèvent brutalement la rentabilité de l'entreprise.

C'est à ces moments-là que le manager peut jouer pleinement son rôle. Si un collaborateur entre dans son bureau abattu, décontenancé, démotivé, avec seulement 50 % d'énergie active, il devrait en ressortir avec plus d'énergie qu'il n'en avait en arrivant. Si le manager s'emporte, s'affole, critique, juge ou disqualifie et que le collaborateur sort ainsi de son bureau avec 30 ou 20 % d'énergie... alors qu'il était arrivé avec 50 %, nous disons que ce manager ne joue pas son rôle de manager et risque de devenir, à terme, sinon dangereux, du moins peu stimulant pour les forces créatives de l'entreprise.

Ce concept du **manager énergétigène**, susceptible de donner, de réveiller, de stimuler les énergies bloquées ou dévoyées de ses collaborateurs, nous semble un des plus vitaux pour un management relationnel efficient.

III

UN NOUVEAU MODE DE COLLABORATION ET DE NÉGOCIATION DANS L'ENTREPRISE

L'entreprise est un lieu privilégié pour la confrontation des idées et des projets. Sans ces préalables la possibilité d'entreprendre serait sabotée à la base et ne permettrait donc pas le développement en nombre et en qualité des entreprises. La simple reproduction de schémas antérieurs et la répétition inchangée de solutions connues sont des signes avant-coureurs d'un management sclérosé.

Un management défaillant pouvant entraîner la mort rapide de l'institution du fait de son incapacité à rester en phase avec un environnement qui, lui, change.

Ainsi ce jeu nécessaire d'ajustements et de confrontations a souvent été le théâtre de conflits ouverts puisque les protagonistes pouvaient opposer leur vision personnelle et surtout maintenir une image d'eux-mêmes, ou perpétuer une fonction dépassée, dans des luttes parfois fratricides, toujours énergétivores, dont la seule perdante était l'entreprise.

De la logique d'opposition à celle d'apposition

Nous avons vu combien il est important dans un travail d'équipe, de collaboration et de confrontation, de favoriser l'*apposition* des avis et des idées plutôt que l'opposition et l'affrontement. Il est possible de développer cette forme de collaboration qui favorise les initiatives et par là même la créativité, qui ouvre à des échanges qui s'enrichissent des différences tout en respectant les points d'accord minima et les orientations de base que nous avons présentés précédemment.
La collaboration entre deux personnes ou plus sur un projet, ou pour une action en commun, peut s'établir à deux niveaux très distincts :

- L'adhésion au projet, dont dépendront l'enthousiasme et l'engagement de chacun à le soutenir, se cristallisera autour de questions essentielles.

« Comment, de quelle façon suis-je concerné ? »
« Suis-je d'accord ou pas, est-ce que je rejette ou non le projet qui m'est proposé ? »
« Suis-je compétent pour évaluer les objectifs définis en fonction des connaissances et des projets en cours ? Quelle est ma contribution aux finalités du service actuel de l'entreprise ? »

- La participation à la réalisation du projet.

« Au-delà de l'intérêt et d'une adhésion éventuelle, quel sera mon engagement ? Quels seront ma dispo-

nibilité, mon investissement en termes de temps, de moyens, de compétences mis à disposition à chaque étape du projet ? »
« De quelle façon vais-je m'investir, contribuer en termes de ressources au projet qui m'est proposé ? »
« Comment vais-je utiliser mes compétences et mes énergies disponibles ? »
« Comment puis-je articuler, coordonner mes autres engagements en cours avec une action nouvelle à conduire ou à soutenir ? »

Un nouveau modèle de collaboration

Nous avons repéré autour de deux dynamiques principales : active ou passive, quatre types de collaboration possibles autour d'un projet à conduire en commun.

• **Dynamique active**
Ma dynamique correspond à une vision (adhésion) et à une participation actives, positives au projet :
– adhésion active :

« Je pense que ce projet est bon pour l'entreprise et bon pour moi, je peux y adhérer sans restriction majeure. »

– participation active :

« J'ai un positionnement et un engagement actifs clairs. »

« Je décide de mettre le maximum de mes ressources et des moyens à ma disposition au service de ce projet : j'aiderai à sa réalisation et chacun peut compter sur moi. »

• **Dynamique passive**

Ma dynamique correspond à une vision (adhésion) et à une participation neutres ou négatives envers le projet :

– adhésion passive :

« J'ai des réticences et des réserves, ou je pense que ce projet n'est pas viable ou fiable, ou qu'il n'est pas prioritaire pour l'entreprise et pour moi. Je n'adhère pas ou ne cautionne pas sa réalisation. »

– participation passive :

« Je n'ai aucune énergie à investir dans ce projet (parce que je suis engagé dans d'autres actions prioritaires). »

Dans le tableau suivant, nous avons mis en confrontation les quatre types de collaboration possibles à partir de l'adhésion (active ou passive) au projet et de la participation (active ou passive) à sa réalisation, qui pourraient servir de références à tous les protagonistes d'un projet ou d'une action, s'ils acceptent de se positionner clairement.

Mode d'adhésion	**Participation**
Actif « Je me reconnais totalement et entièrement dans le projet. » « J'adhère et je m'engage à le soutenir tout au long de son développement. »	**Active** « Je mets toutes mes ressources disponibles pour œuvrer à la réalisation du projet. » « Je les mettrai au service du projet que je soutiendrai opérationnellement dans les phases qui dépendent de moi. »
Actif « Je me reconnais totalement et entièrement dans le projet. » « J'en soutiens l'idée. »	**Passive** « Je ne dispose pas pour l'instant de ressources. Je ne veux pas ou je ne peux pas m'engager à soutenir opérationnellement le projet car mes autres priorités me mobilisent ailleurs. »
Passif « Je ne reconnais pas l'intérêt du projet, je ne pense pas qu'il soit bon pour l'entreprise. » « Je ne soutiens pas le projet, il n'est pas bon pour moi. »	**Passive** « Je ne mettrai pas de ressources au service du projet. Je ne m'opposerai pas à sa réalisation. » « Je signale ainsi qu'on ne peut compter sur moi pour le développer. »
Passif « Je considère le projet comme dangereux pour l'entreprise. »	**Active** « Je mettrai mes énergies et mes ressources pour lutter contre l'aboutissement du projet car il ne me paraît pas bon pour l'entreprise. »

Un tel repérage des positionnements présente le mérite d'éclaircir le rôle des uns et des autres et de favoriser l'éclosion d'un dialogue interne. Une par-

ticipation active avec une adhésion passive (cas 4) n'est pas le résultat du hasard : l'autre a certainement des raisons pour tenir telle ou telle position et il serait bon pour les personnages clés de l'entreprise de les entendre.
Ce repérage renvoie aussi à des interrogations personnelles pour maintenir sa propre cohérence interne.

> *« Suis-je capable d'entendre l'autre et d'intégrer sa perception ? Peut-il changer son regard et sa position s'il s'avère que des incompréhensions sont à l'origine de sa position ? »*

Sans définition claire et exprimée des modes de collaboration de chacun autour d'un projet donné, les risques sont la prolifération des non-dits, le sabotage larvé, la pollution sournoise, le laisser-faire ou une dilution des engagements. Il est crucial de favoriser l'affirmation de sa position, pour avoir un jeu clair et compréhensible vis-à-vis des autres. Cette transparence est non seulement une question d'honnêteté professionnelle, qui devrait faire partie des valeurs individuelles de chacun et que l'entreprise devrait cultiver, reconnaître et faire partager, mais aussi un point fort pour une plus grande efficience en commun.
C'est une valeur qui doit faire partie des Points d'accord minima non transgressables dont nous avons parlé dans le tableau p. 83 et que nous allons développer dans la cinquième partie. Cela sous-entend que l'expression libre de ses positions de collaboration n'entraînera pas de sanctions, de rejet, de

mise à l'écart, de disqualification de la position de celui qui se définit ainsi.

Pour cela, **il convient de distinguer le projet, soi et l'autre**.

Affirmer sa position, reconnaître la position de l'autre, mais aussi accepter de confronter sa cohérence intime au projet de l'entreprise, qui, en quelque sorte, reste prioritaire.

Nous pouvons être en divergence sur un projet sans que cela mette en cause notre relation personnelle avec ceux qui s'y engagent.

Une telle attitude ne peut être développée qu'à la condition que chaque acteur soit clair face à cette distinction, et ne mélange pas les données affectives qui lui sont propres avec sa relation à l'autre.

Ce point-là est plus délicat à gérer.

CINQUIÈME PARTIE

QUELQUES OUTILS POUR DÉVELOPPER DES RELATIONS CRÉATIVES

Entre improvisation et rigueur... la cohérence.

Les principes du management relationnel entendu comme un soutien fondamental au développement de relations créatives étant posés, nous allons présenter ci-après quelques outils favorisant concrètement sa mise en pratique.
Nous proposons de passer d'une culture relationnelle fondée sur une approche dualiste, opposant antagonisme/synergie, alliance/conflit, intérêt personnel/intérêt collectif, à une culture de la différence, de la complémentarité, du respect des individualités.
Le passage de l'affrontement à la *confrontation*, de l'opposition à l'*apposition*, du gaspillage d'énergie à la *création de richesses humaines* en seront les étapes clés.
Nous avons recensé un certain nombre d'actions autour de quelques outils simples. Ils se classent en deux catégories :

- **Les outils d'application générale** : ils concernent tout le monde dans l'entreprise quels que soient les statuts, les rôles, les positions ou les tâches.
- **Les outils d'application spécifique** : ils touchent principalement les managers dont nous avons vu le rôle central dans la transformation de l'entreprise.

Mis en œuvre dans les entreprises et les institutions qui voudraient favoriser le développement d'un autre type de relation, ils sont un moyen de redynamiser les ressources humaines, de les transformer en richesse, de concentrer l'énergie sur ce qui est indispensable non seulement à la survie et à la pérennité, mais encore au développement de l'entreprise.
L'expérience montre qu'un tel projet peut parfaitement être conduit dans un service, par un manager conscient, inspiré par les valeurs que cette réflexion suggère. Il n'est pas utile de se chercher des alibis pour éviter de se mettre en route personnellement, ponctuellement ou de façon circonstancielle. Il n'est pas nécessaire d'attendre que les autres fassent... pour s'y mettre soi-même.
Au-delà des résistances inévitables, des contestations ou des positions défensives qu'il va inévitablement rencontrer, un manager peut garder sa propre cohérence.

« Ce n'est pas la peine d'essayer, de toute façon c'est une mode. »
« Dans l'entreprise de mon cousin, ils ont essayé et ça n'a pas marché. »
« De toute façon, les chefs ne le feront pas, alors je ne vois pas pourquoi nous on essayerait. »
« On n'est pas là pour faire de la psychologie mais pour travailler !... »
« Ça fait vingt ans que je fais comme ça, je ne vois pas pourquoi je changerais. »
« Pour qui ils se prennent ces types, Salomé et Potié, pour vouloir nous apprendre à communiquer ? Et eux

d'abord, ils communiquent comment entre eux et dans leur boîte ou dans leur vie personnelle ? »

Il y a la cohérence d'une approche et la pertinence d'une démarche qui s'appuie sur des milliers de témoignages positifs.
Tous les outils présentés ci-après sont d'application générale. Ils concernent toutes les institutions et peuvent être mis en œuvre de façon simple, sans nécessairement bouleverser toute l'organisation. Il est certain que leur pratique demandera un changement de comportement des personnes et une évolution de la culture de l'entreprise comme nous l'avons évoqué dans le paragraphe précédent.
L'expérience montre que leur mise en œuvre repose sur un grand pragmatisme, une forte volonté des managers de faire progresser le climat relationnel. Avec les techniques de communication simples proposées dans la partie précédente, avec les règles de base de l'hygiène relationnelle présentées, avec les principes de la relation créative, la mise en pratique devient une sorte de jeu entre les personnes. Il n'est pas rare de voir l'un rappeler à l'autre une règle de base qui ne lui apparaît pas respectée dans la relation ou la communication. D'un mode grave et coincé, la communication peut passer sur un ton plus léger, plus humoristique sans pour autant perdre son sérieux, ou être moins opérationnelle.

I

DÉVELOPPER UNE CHARTE DE VIE RELATIONNELLE DANS LE TRAVAIL

Nous pensons que l'efficacité relationnelle repose sur le respect d'un certain nombre de repères qui conditionneront la qualité de la vie dans l'institution. Il s'agit d'inscrire quelques repères de ce qui pourrait constituer comme une « Déclaration des droits de l'homme au travail ». Chacun des points de sa définition, ainsi que son respect, devient un élément essentiel de la vie en groupe.

Reconnaître, respecter les besoins fondamentaux de l'homme au travail

Pour conforter cette proposition, nous partirons du principe qu'une des motivations essentielles de l'être humain repose sur la reconnaissance qu'il obtient de son environnement. Cette motivation repose sur la satisfaction de six types de besoins fondamentaux[1] :
– besoin d'action ;

1. Notre réflexion s'inspire des travaux de Maslov, en cherchant à les adapter au monde du travail. Les besoins et aspirations que nous avons identifiés peuvent donc être considérés comme complémentaires.

- besoin d'appartenance et d'identification à un ensemble ;
- besoin de relation ;
- besoin de réalisation ;
- besoin de progression ;
- besoin de reconnaissance.

• Toute personne qui travaille a besoin de se sentir utile, de sentir qu'elle sert à quelque chose, que sa part de travail constitue une contribution positive à l'entreprise. Elle a besoin de se sentir investie d'une responsabilité, de savoir que les autres attendent d'elle qu'elle remplisse ses tâches avec sérieux, courage et professionnalisme. Nous résumons ceci sous le terme de **besoin d'action**. Nul ne peut accepter de faire très longtemps un travail inutile ou sans résultats manifestes. Et pour beaucoup, rester dans une telle situation entraînera malaise et parfois dépression.

• S'appuyant sur ce premier besoin fondamental, tout collaborateur a aussi **besoin d'inscrire son action dans celle du groupe ou d'un ensemble** qui le reconnaît.

> *« Avec qui est-ce que je travaille ? Quels sont nos points de recoupement (interfaces) ? Quels sont mes besoins d'informations et en contrepartie, à qui dois-je rendre compte ? Quelles sont les exigences et caractéristiques de mon poste de travail ?... »*

La réponse à ce besoin d'appartenance et d'identification envers un ensemble reconnaissable constitue un soutien mobilisateur et un ancrage puissant pour les membres de l'équipe qui pourront en bénéficier.

• Le troisième grand besoin identifié est le **besoin de relation**.
Hormis l'ermite qui choisit de se retirer du monde, chacun d'entre nous a besoin de développer des réseaux de relations avec les autres. Ce besoin s'appuie sur le besoin d'appartenance dont les caractéristiques sont : vivre en groupe, échanger, communiquer, mettre des choses en commun, partager, produire, créer ensemble...
Ces besoins se situent donc dans le champ de la vie en collectivité.

• Le quatrième **besoin** est celui **de la réalisation**.
Tout individu a besoin que son travail (ou toute autre activité) lui permette de se réaliser, avec le sentiment de s'accomplir dans quelque chose qui soit en parfaite adéquation avec ses aptitudes, qui lui donne envie de dépasser ses propres peurs et limites.
Satisfaire ce besoin, c'est obtenir de la personne qu'elle puisse s'appuyer sur des énergies personnelles et collectives pour atteindre les objectifs qui lui sont fixés. C'est le rôle du Projet d'entreprendre que de stimuler ce potentiel.

• Le cinquième besoin touche à un des moteurs de l'évolution humaine.

Le **besoin de progression** est une des aspirations fondamentales[1] de chaque individu dans son travail, que ce soit dans le contenu de celui-ci, dans les responsabilités attribuées, dans l'accès à des fonctions nouvelles ou à des rôles nouveaux.
Satisfaire ce besoin, c'est assurer la motivation, la participation active du collaborateur pour le stimuler à donner le meilleur de lui-même dans sa tâche, pour lui permettre de se surpasser afin de prouver à lui-même et aux autres qu'il est à la hauteur des responsabilités qui lui ont été confiées.

• Une entreprise vivante se doit de reconnaître, d'entendre et de valoriser ces besoins et d'être capable d'y répondre sous peine de voir toute l'énergie humaine disponible s'investir dans d'autres actions que les activités confiées aux personnes. Le **besoin de reconnaissance** est au cœur de la mobilisation de toutes les ressources disponibles de la personne.
Dans une usine d'un des plus grands groupes industriels français, un agent technique de maintenance, dont le rôle est limité à des interventions techniques sans beaucoup de responsabilité, est par ailleurs responsable du club de planche à voile de la ville. Dans ce rôle, il gère un budget de plusieurs centaines de milliers de francs, organise des week-ends de compétition, négocie avec les autorités locales... Il assume

1. Sa non-satisfaction entraîne des conséquences telles que l'opposition, le conflit, l'investissement de ses compétences en dehors de l'entreprise, la participation à des activités parallèles.

tout un ensemble de responsabilités qui lui procurent plaisir, épanouissement, valorisation (sans rémunération !) et satisfaction personnelle.
Dommage pour l'entreprise de ne pas avoir su identifier et satisfaire le besoin de cette personne, besoin qui, associé à ses qualités et à ses aspirations personnelles, lui a permis d'organiser les Championnats du monde de planche à voile !

Charte de vie au travail

Pour donner plus de corps à une Charte de vie dans le monde du travail, nous proposions les points suivants qui pourraient être utilisés comme bases de réflexion pour des entreprises qui se sentiraient concernées par nos propos.

1. Quelle que soit ma fonction, quel que soit le poste que j'occupe, quelle que soit mon ancienneté, j'ai besoin d'être **reconnu comme une personne**.
2. J'ai besoin d'être **valorisé**, gratifié dans ce que je fais. Oui, j'ai besoin que quelqu'un me renvoie une image positive pour dépasser mes limites.
3. J'ai besoin d'être **informé et consulté** pour tout ce qui me concerne, l'évolution de mon travail, de mon poste, de mes responsabilités.
4. J'ai besoin d'un **positionnement clair** de la part des personnes en autorité, **sur mes devoirs et mes engagements** envers l'équipe, le service et l'institution dans laquelle je travaille.
5. J'ai besoin d'un positionnement clair également **sur mes droits et les engagements** que l'institution

prend à mon égard. Je ne veux pas être l'objet de la fluctuation des désirs et des peurs de chacun au moindre malentendu, à la moindre maladresse.

6. J'ai besoin que **mon point de vue soit entendu**, même s'il n'est pas retenu pour l'instant.

7. J'ai besoin de **rendre compte de mon travail**, d'avoir une écoute pour en évaluer les possibles et les limites.

8. J'ai besoin d'**être stimulé dans mon travail**, d'avoir des buts, clairement énoncés, des projets concrets et même la possibilité de rêver à des changements.

9. J'ai besoin d'**une qualité de vie au travail** car elle se répercute sur l'ensemble de mon existence.

En s'appuyant sur ces quelques propositions (détaillées et complétées en annexe), les acteurs peuvent se réunir pour réfléchir ensemble aux principes fondamentaux de la vie relationnelle dans leur service ou leur entreprise. Une Charte de vie relationnelle pour mieux travailler ensemble doit pouvoir répondre aux questions suivantes :

• Quels sont les principes clés que nous souhaitons voir pratiquer et respecter dans notre service ou notre entreprise et qui seront la base de notre collaboration relationnelle ?

• Quels sont les besoins de reconnaissance, de valorisation et d'écoute que nous souhaitons voir entendus et respectés par nos managers ?

• Quels sont les devoirs et les comportements que nous voulons promouvoir, tant pour nous-mêmes vis-à-vis de nos collègues, que par nos collègues vis-à-vis de nous ?

Ce travail de réflexion et d'échange est créateur, il donne la possibilité de s'exprimer, de sortir de l'implicite pour aller vers plus d'explicite et de cohérence interne. Il aide les managers à évoluer dans leur perception des besoins de leurs équipes. Il contribue à l'émergence de nouvelles relations fondées sur un positionnement plus clair et mieux connu des uns et des autres.

> *« Lorsque je me positionne clairement, j'aide ou j'invite l'autre à le faire aussi. Je prends mes responsabilités pour éviter qu'il ne m'impose sa façon de faire ou de voir, ou que tout simplement l'habitude, le non-dit génèrent et induisent des situations de fait qui détermineront un mode de relation déséquilibré, infantilisant, à sens unique. »*

Voilà un des sens possibles de la Charte de vie relationnelle dans le travail. Il y en a bien d'autres.
Son élaboration, nécessairement participative, demande du temps puisqu'il importe que chacun intègre le sens profond des idées proposées, se réapproprie sa parole, se donne le droit de s'exprimer. Cela suppose aussi que le groupe soit capable d'entendre l'expression individuelle, que chaque membre respecte les propos des autres. C'est déjà un travail en soi, au niveau de la relation de personne à personne.

« En participant activement à ce travail, je réalise un acte créateur, j'opère une remise en cause de ma vision de l'entreprise et du monde du travail puisque j'agis sur un mode relationnel et non dans le réactionnel à partir de revendications ou d'oppositions. »

Cette Charte peut être complétée par d'autres outils, telle la pratique de « Règles de base pour une communication créative ».

Règles de base pour une communication créative

1. Je renonce au *tu* (d'injonction) qui maltraite ou qui *tue* parfois la relation.
2. Je renonce à l'usage du *on* (qui la dépersonnalise).
3. Je fais la différence entre les *faits*, les *idées*, les *ressentis* et les *retentissements*, et j'apprends à m'exprimer sur ces quatre plans.
4. Je ne confonds pas les trois niveaux de la relation : hiérarchique, fonctionnel, personnel. Je me positionne chaque fois que c'est nécessaire au niveau concerné afin de ne pas induire des comportements erronés chez l'autre.
5. Je tente de respecter l'autre pour ce qu'il est, pour ce qu'il vit et ressent (et je pratique la confirmation), et non pas pour ce que je voudrais qu'il soit, ou qu'il pense.
6. Je suis le seul responsable de ma vie, et je ne fais porter à personne la responsabilité de mes actes et des événements que je vis.

7. Je me positionne chaque fois que cela est possible comme coauteur des relations qui me relient à mes collègues.
8. Par mes actes et mon comportement, j'agis en responsable à mon extrémité de la relation et en conséquence je favorise le développement de la responsabilité de l'autre à son extrémité.

Affichés dans les bureaux et les salles de réunion, ces quelques repères peuvent devenir un support ou un bon outil pour la recherche d'un consensus relationnel, y compris par tous les échanges critiques ou dubitatifs qu'ils vont déclencher.
La démarche de conscientisation et d'échanges est particulièrement formatrice puisque chacun est invité à adapter les propositions et les outils à sa propre situation avant de les intégrer dans un ensemble professionnel ou social.

II

RECHERCHER ET ÉTABLIR DES POINTS D'ACCORD MINIMA (PAM) NON TRANSGRESSABLES

Toute vie en commun suppose un accord minimal autour de règles de fonctionnement pour permettre au groupe d'exister, d'avancer vers son objectif et d'assurer sa cohésion. Le flou autour de ces points est une cause fréquente de conflits, d'abus de pouvoir, de jeux individuels et personnels qui aboutissent à des attitudes antirelationnelles... et onéreuses pour l'entreprise.

Principes

Éviter tout d'abord de confondre les différents points du règlement intérieur avec les Points d'accord minima. Les premiers définissent les devoirs de chaque individu vis-à-vis de l'institution. Les seconds fixent les devoirs et les principes de base de la vie relationnelle entre les individus au sein du groupe dont ils font partie. De même, il ne faut pas les confondre avec la Charte de vie relationnelle vis-à-vis des personnes en autorité. Cette dernière définit les besoins et les attentes des collaborateurs vis-à-vis de leur manager.

Dans l'entreprise, l'énoncé de ces Points d'accord minima à proposer, puis à compléter en commun, prend une importance particulière parce que les enjeux et les risques sont grands. Sans tomber dans l'excès et la surabondance qui contribueraient à alimenter une des pathologies relationnelles citées précédemment, le management doit proposer au groupe, et c'est là un de ses devoirs, quelques règles minimales mais toujours repérables pour baliser les possibilités d'un fonctionnement relationnel productif.

Leur non-respect constitue une mise hors jeu pour celui qui est concerné. À terme, cela peut aboutir à son rejet du groupe, si le non-respect des Points d'accord minima devenait un comportement habituel. Par contre, ces Points d'accord doivent être clairs, être connus de chacun et faire l'objet d'une adhésion à l'entrée dans le groupe. L'idéal serait qu'ils soient établis en amont afin que l'entrée dans le groupe se fasse dans le consentement à ces principes. Néanmoins, leur absence formalisée ne signifie pas que l'institution n'en ait pas. Mais quand les règles sont implicites, elles sont plus manipulables ou transgressées de bonne foi. Leur formulation rend explicite et indiscutable leur contenu et devient une base de la vie relationnelle du groupe.

Deux exemples de Points d'accord minima non transgressables :

- Ne pas accepter la communication indirecte : chaque fois que quelqu'un tentera de me parler sur quelqu'un d'autre, je l'inviterai à me parler de lui.

– Je ne vais pas laisser s'accumuler un contentieux relationnel dans la durée : je me donne les moyens d'aborder en parlant de moi-même ce qui m'a heurté, choqué ou blessé.

Ces Points d'accord minima correspondent à des exigences vitales pour l'entreprise qui, si elles ne devaient pas être respectées, viendraient à en compromettre le fonctionnement. Ils s'inscrivent dans une évolution.

Après avoir longtemps (phase pionnière) fonctionné sans règles, puis après avoir connu un excès de règles (phase organisationnelle), certaines entreprises, en balisant mieux les Points d'accord minima, qui deviennent alors des repères sûrs, en font une référence collective, de plus en plus fiable tant pour les anciens que pour les nouveaux embauchés.

Points d'accord minima

Ils sont des balises pour mieux cerner les possibles de notre vie en commun. Ils seront les supports à toutes les initiatives pour tisser la trame de la qualité de nos relations. Ils contribuent au maintien du respect de chacun qui, dans l'accomplissement de sa tâche, n'exercera avec cohérence ses responsabilités que s'il sent l'adhésion de tous à un mode de fonctionnement minimal partagé.

Nous donnons à titre d'exemple les Points d'accord minima élaborés dans une entreprise de formation.

1. Adhésion au projet d'entreprise et aux valeurs dont il est porteur.

2. Mise en œuvre par chacun des principes décrits dans notre système d'assurance de la qualité[1].
3. Priorité absolue donnée au respect des échéances qui conditionnent le travail des autres.
4. Prise en compte et respect des principes de fonctionnement proposés aux consultants[2] pour ce qui touche :
- à la participation et à l'animation des réunions mensuelles et des séminaires annuels ;
- au partage des responsabilités (sur le plan commercial, de la production, du développement, ou de l'administration) ;
- à l'état d'esprit (entraide, solidarité, coopération, participation, collaboration avec les sédentaires[3], que nous souhaitons voir prévaloir dans nos relations.

5. Prise en compte et respect des principes de fonctionnement proposés aux sédentaires pour ce qui touche :
- à la participation et à l'animation des réunions bisannuelles et des groupes de travail ;

1. Le système d'assurance de la qualité de l'entreprise concernée couvre l'ensemble des activités, des métiers et des tâches. Il décrit les responsabilités (procédures), les tâches (modes opératoires) et les principes de fonctionnement de l'entreprise permettant à chacun d'inscrire son action dans une cohérence globale afin de mieux servir les clients, de respecter le travail des autres et de garantir l'efficacité de l'action collective. L'assurance de la qualité définit un cadre permettant aux talents individuels de s'exprimer dans une synergie de groupe.
2. Terme utilisé pour définir les formateurs et consultants intervenant à l'extérieur de l'entreprise.
3. Terme utilisé pour définir les collaborateurs intervenant à l'intérieur de l'entreprise.

- aux responsabilités opérationnelles (assistance, secrétariat technique et commercial, gestion des départements et des projets) ;
- à l'état d'esprit (entraide, solidarité et coopération, adaptabilité et aptitude au changement, réactivité en temps réel) que nous souhaitons voir prévaloir dans nos relations.

6. Participation active à la vie de l'entreprise :
- mise en œuvre du projet « Parler vrai et agir responsable » ;
- participation au « Projet qualité totale » ;
- recherche d'une évolution personnelle adaptée aux aspirations individuelles et aux besoins de l'entreprise ;
- développement des propositions d'action d'amélioration.

Le comité d'éthique est là pour veiller au respect de ces Points d'accord minima tant pour les collaborateurs que pour le management.

Propositions pour la mise en œuvre

Il nous a paru important de présenter une possible démarche à suivre pour mettre en œuvre ces Points d'accord minima (PAM) non transgressables.

• Étape 1. Tacites ou non, formulés ou non, ils existent. **Nécessité donc de les rassembler et de les mettre par écrit.** À ce stade, ce travail est celui du manager. Il ne pourra s'agir d'un travail participatif comme dans le cas de la Charte de vie au travail présentée précédemment, c'est un acte d'animation et de direction.

- Étape 2. **Confrontation à la réalité.** Prendre le temps, avec les collaborateurs directs, pour évaluer et mesurer ce qui est déjà institutionnalisé et ce qui est nouveau, ou en cours d'actualisation.
- Étape 3. Présentation au groupe pour les commenter, les illustrer de cas très pratiques, et surtout **en valider la légitimité**. Si une règle n'apparaît pas légitime pour le bon fonctionnement du groupe mais devient un moyen d'asseoir le pouvoir d'une personne (ou de quelques-unes) au détriment des autres, alors ce point d'accord qui n'apparaît plus comme consensuel peut être remis en cause.
- Étape 4. **Vérification de ce qui a été entendu et compris.** Laisser s'exprimer les points de vue différents, mesurer les écarts entre la règle et la capacité des personnes à la satisfaire. Définir ensuite les modalités pratiques d'application avec ceux qui ont des empêchements, des difficultés ou des raisons matérielles pour ne pas les respecter, leur donner les moyens et des supports pour aboutir à leur respect.

Par exemple, dans une équipe commerciale dont les vendeurs sont sur la route, une règle de base pour assurer l'existence et la cohésion du groupe repose sur l'organisation d'une réunion mensuelle à laquelle tous doivent participer. Si une personne ne peut le faire systématiquement pour des raisons personnelles (travail à temps partiel avec comme jour d'absence celui qui est programmé pour les réunions), il s'agira de définir les moyens et le délai nécessaires pour que cette personne puisse s'organiser afin de respecter ce principe.

• Étape 5. En posant des balises, **définir les conséquences de la transgression** et désigner une personne (qui n'est pas le manager) pour être garante des conséquences en cas d'infraction ou de non-respect des Points d'accord minima (PAM). La crédibilité de cette personne sera liée à son indépendance. Ce dernier point est important, car sans lui, tout le système risque d'être discrédité. Le manager veille à donner des garanties suffisantes pour assurer la cohérence de l'ensemble.

III

INVITATION À RÉDIGER SA CARTE D'IDENTITÉ RELATIONNELLE

Nous avons, chacun, une personnalité construite à partir des événements marquants de notre histoire, nous avons reçu une éducation qui nous a transmis des convictions et des valeurs, nous avons une individualité plus ou moins forte. Développer une communication efficace, changer les modalités de fonctionnement en groupe, transformer les relations dans l'entreprise ne signifie pas uniformiser nos pensées, nos comportements, nos façons d'agir. Si tel était le but, nous entretiendrions un leurre, comme, par exemple, celui d'imaginer qu'il serait possible de développer des clones dans des sociétés uniformes. Bien au contraire, nous insistons sur le rôle de la personne, du potentiel individuel, de la richesse humaine qui forge la créativité collective. Il appartient à chacun de clarifier ses valeurs et croyances et de chercher où peuvent se jouer des conflits de fidélité, des missions reçues, qui vont être mis à l'épreuve par rapport aux différents savoirs, savoir-faire et valeurs personnelles qui vont se confronter dans une équipe.

« Le respect que je reçois des autres, même s'il n'est pas toujours proportionnel au respect que je leur accorde, en est le reflet. »

Inviter chacun à réfléchir et à établir sa carte d'identité relationnelle, c'est tenter de l'inciter à définir au plus près les caractéristiques auxquelles il tient le plus dans le domaine relationnel. Il sera plus facile de se respecter quand les uns et les autres auront établi et échangé autour de ces caractéristiques.
Cette carte d'identité relationnelle peut porter sur différents points :

1. Quelles sont les compétences dans lesquelles je me reconnais ? À travers cet inventaire, je signifie à l'autre les points d'appui sur lesquels il peut compter chez moi.
2. Quelles sont mes limites ou mes insuffisances dans tel ou tel domaine ? J'indique là le seuil de mes ressources, pour ne pas induire l'autre en erreur par rapport à ses attentes.
3. Quelles sont mes zones d'intolérance et de vulnérabilité ? En signalant ces points, je signifie les points de friction ou le terrain de conflits possibles qui peuvent surgir en moi quand ces zones ne sont pas respectées.
4. Quelles sont les valeurs qui m'animent ? En témoignant de ces valeurs, j'indique mon champ de références morales, éthiques et sociales.
5. Quels sont mes centres d'intérêt et passions personnels ? J'ouvre ainsi la porte à des recherches

d'affinités possibles en parallèle avec l'activité professionnelle.

« Je définis mes zones d'intolérance, les domaines dans lesquels j'ai forgé des opinions et que je n'entends pas remettre en cause pour l'instant, qui m'appartiennent en propre et que je désire voir respectés par les autres. Quand je dis "respecter", cela ne signifie pas nécessairement "partager". Je porte à la connaissance de mes collègues les valeurs que je privilégie dans mes relations aux autres, ce avec quoi je me sens mal à l'aise, que je rejette et ne tolère pas... »

« Ainsi les autres pourront se positionner par rapport à moi et éviter de me froisser, de me blesser, de m'affronter involontairement parce qu'ils ignoraient mes sensibilités. Il me sera aussi possible d'être plus respectueux d'eux, de leur sensibilité et de leur susceptibilité. Ce sera l'occasion pour moi de trouver des points communs avec les autres et, à partir de là, d'engager un dialogue sur ce qui nous rassemble, plutôt que nous opposer sur ce qui nous différencie. »

« En reconnaissant ta sensibilité philosophique, religieuse, spirituelle..., je prendrai soin de ne pas ironiser ou te disqualifier sur des sujets qui te sont importants. Je peux au contraire éclaircir mes propres convictions et un jour, peut-être, échanger avec toi sur ces questions-là. Je tenterai d'éviter de proférer des idées ou des convictions qui pourraient être considérées comme provocatrices, des jugements réducteurs ou niant des opinions contraires aux miennes. Je peux cependant prendre le risque de les confronter aux tiennes. »

Il ne s'agit pas de proposer une nouvelle morale ou de faire du moralisme indirect, mais de s'appuyer sur une éthique favorisant des relations dégagées de pollutions et de tensions trop fréquemment parasitaires dans les tentatives de mise en commun, autour d'un projet, d'une action ou d'un travail à réaliser.

IV

PRATIQUER LE POSITIONNER JUSTE, DÉVELOPPER LE PARLER VRAI ET L'AGIR RESPONSABLE

À l'origine de beaucoup de malentendus relationnels, on remarque l'absence trop fréquente d'interlocuteur en face de soi et le renvoi à une vague entité, à un « on », à une communication « en conserve » qui génèrent malaise, vacuité relationnelle et déperdition de motivation. Si la relation Klaxon domine, les personnes auront tendance à se mettre soit en opposition (car il leur est nécessaire de résister à un envahissement), soit en esquive (c'est-à-dire à refuser l'affrontement et à se réfugier dans la passivité ou le non-positionnement). Dans tous les cas, il y a un risque de ne pas avoir en face de soi une personne consistante, réelle, avec qui dialoguer et échanger de façon constructive.

Inviter chacun à pratiquer le « positionner juste », c'est le stimuler à affirmer ce qu'il est, ce dont il a besoin, c'est lui permettre de défendre ses idées par rapport à la situation de travail ou le projet qui lui est présenté.

Le parler vrai

Le positionner juste s'appuie sur le parler vrai. Nous appelons, pour simplifier, parler vrai une situation d'échanges où les conditions sont créées pour réduire, autant que cela peut se faire, le décalage entre :
– ce que je dis et ce que je pense ;
– ce que j'exprime et ce que je ressens ;
– ce que j'éprouve et ce que je fais.
Le parler vrai s'oppose à la langue de bois, au langage trop ampoulé, aux stéréotypes, aux échanges formalistes... Nous constatons souvent combien il est difficile d'exprimer ses ressentis, ses idées à des personnes qui n'offrent pas une qualité d'écoute et de présence suffisamment ouverte... pour les recevoir.
Nous préférons trop souvent nous installer dans le silence. Si nous nous rappelons que « tout ce qui ne s'exprime pas s'imprime », alors nous comprenons l'importance des mots pour éviter le stress, les tensions ou les autoviolences. Nous pouvons aussi entendre que la colère est parfois le seul moyen d'expression du mal-être d'une personne. Quand il y a trop de non-dits et de refoulement dans une équipe ou un service, le prix à payer en sera une augmentation des somatisations, des absences, voire des accidents du travail.

> *« Moi j'ai pris l'habitude de ne rien dire, tu devrais faire comme moi, sinon ça te retombe toujours sur la gueule. »*

« Avec ce type, tu as intérêt à ne pas discuter, il s'arrange toujours pour te contrer avec tes propres mots. »
« Avec mon chef de service j'ai toujours le sentiment qu'il me considère comme un demeuré à qui on doit répéter trois fois la même chose. »

Pratiquer le parler vrai, c'est se donner la possibilité et le droit d'exprimer son ressenti, ses peurs, ses désirs et ses utopies sur une situation de travail ou dans le cadre d'une relation interpersonnelle qui pose un certain nombre de problèmes. C'est un moment privilégié pour dire ses émotions.

« Il y a quelques années, j'ai bien tenté de parler de moi, et ils m'ont dit d'aller me faire soigner ailleurs ! Aujourd'hui ce n'est plus la même chose, il y a un climat d'authenticité qui te porte, qui te soutient quand tu es en difficulté. Je me sens vraiment plus libre dans ma façon d'être, même quand je ne suis pas suivi ou approuvé. »

L'apprentissage de cette pratique est un véritable bienfait pour celui qui découvre qu'il peut se dire sans s'effondrer, qu'il peut s'exprimer sans accuser l'autre ni forcément être rejeté par lui.

« Je me sens mieux depuis que j'ai pu dire à mon responsable que j'étais très content de la façon dont il me transmettait le travail et du retour qu'il me donnait sur mon propre travail. Auparavant il ne me serait pas venu à l'esprit de dire ma satisfaction, je m'exprimais surtout sur ce qui n'allait pas !... »

C'est une chance incroyable pour l'entreprise qui va ainsi favoriser l'expression spontanée, permettre à la personne de maintenir toute son intégrité et sa disponibilité par rapport au travail et à ses relations. Sans parler vrai, nous prenons le risque de rester enfermés dans un mal-être qui « bouffe » beaucoup d'énergie et qui consomme une grande partie des forces vives de la personne.

> *« Depuis dix jours je garde ce qu'il m'a dit sur le cœur, ça me prend la tête, je n'ai pas avancé dans mon travail ! Je rumine, j'accumule du ressentiment, je me pollue et pollue tout mon entourage. »*

Nous entendons bien que cette façon d'être conduit à perdre beaucoup de disponibilité, de motivation et de moyens.

Bien entendu, celui qui reçoit ce parler vrai peut être ébranlé. S'il est trop touché, il ne peut écouter, et ne pourra confirmer l'autre dans sa position, ou l'accompagner dans son expression. Bien entendu, il n'est pas tenu de prendre en charge la difficulté de l'autre (il n'est ni son thérapeute ni sa béquille) mais il pourra, dans la mesure où il saura se décentrer, prendre à son tour le risque d'un échange plus authentique.

Le parler vrai revêt une importance toute particulière dans la relation hiérarchique, trop fréquemment formaliste, « ampoulée », encombrée de préoccupations relatives aux enjeux de pouvoir et au maintien des rapports de force. Sa pratique par les subordonnés et les managers peut devenir le gage d'une relation forte, sincère, elle peut favoriser le maintien de l'estime et de la reconnaissance.

« Avec le parler vrai, j'ai pu dire à mon chef que mon désir était de trouver un autre poste de travail. J'ai pu partager mon souhait de construire une relation avec une autre personne qui soit plus en résonance avec ma propre façon de travailler. J'ai pu lui dire mes difficultés à suivre sa façon de travailler. J'ai pu exprimer le stress que son attitude provoque en moi. J'ai pu non seulement le dire, mais j'ai aussi été entendue puisque aujourd'hui j'ai changé de poste, mais pas d'entreprise. Et que j'entretiens avec mon ancien chef de bonnes relations.

— Les propos tenus par ma collaboratrice ont eu du retentissement sur moi. En l'écoutant je me suis senti à certains moments en difficulté. Néanmoins, j'ai aimé la sincérité de sa démarche, la façon dont elle a exprimé ses réserves. J'ai entendu quelqu'un qui se positionnait par rapport à ma fonction et non pas quelqu'un qui jugeait ma personne. J'ai ainsi pu l'accompagner dans cette évolution, et lui garder toute ma confiance et mon estime. Quant à moi, cela m'a permis de prendre conscience des répercussions sur les autres de ma façon de travailler, d'évoluer dans ce sens et, j'espère, de faciliter le travail de ma collaboratrice actuelle. Cette situation a réveillé en moi une vieille peur. Derrière cette peur, j'ai repéré un désir, celui d'être un homme reconnu positivement par ses collaborateurs. Aujourd'hui je

m'occupe un peu plus de mon désir et je m'assure que je peux le respecter dans ma pratique de manager... au lieu d'attendre que ce soient les autres qui le comblent. »

Agir responsable

Nous ajoutons au parler vrai un autre principe, celui d'agir responsable. En effet l'expérience et la pratique de ces outils montrent que s'exprimer n'est pas communiquer et que toute communication ne débouche pas forcément sur l'action. Il peut y avoir un « enkystage » dans la pratique trop abusive de la « réunionnite ».

« Il faut que je te parle encore de ce dont nous avons parlé hier et avant-hier ! »
« Tu sais, j'ai beaucoup réfléchi depuis notre dernière rencontre et il y a encore des points sur lesquels je voudrais que tu sois d'accord ! »
« Il faut à tout prix que l'on reparle de notre échange de la semaine dernière. J'ai encore beaucoup à te dire... »

Parfois l'« incontinence » verbale de certains va remplacer l'agir et l'action concrète à l'intérieur et à l'extérieur de l'entreprise pour éviter la confrontation avec la réalité. La recherche d'une communication plus responsable ne doit pas nous faire faire l'économie de l'action directement liée à la production. Ni celle de la prise en charge de nos propres difficultés réactualisées dans notre travail, même si les autres jouent un rôle important dans la genèse de ces difficultés.

> *« Je n'attends pas que les autres, sous prétexte que j'ai exprimé mes difficultés, se chargent de les résoudre, de les traiter à ma place. »*
> *« Le fait de pouvoir faire le point me permet de retrouver des motivations, de mieux réinventer mes énergies, de me sentir solidaire d'un ensemble... »*

De multiples causes peuvent empêcher d'agir et bloquer le désir de traduire en action des idées et des projets pourtant recevables. Une clarification, un ajustement dans les prévisions, dans la disponibilité ou les priorités peuvent être nécessaires... mais la confrontation avec la tâche à accomplir ne peut être évitée. Agir responsable, dans une entreprise, c'est accepter de valider les projets retenus et de veiller à leur mise en œuvre concrète. De ne pas se laisser paralyser par les difficultés, les obstacles ou les problèmes rencontrés. Agir responsable, c'est garder une cohérence entre une logique personnelle de vie, et assumer l'intégralité de ses responsabilités face à une tâche, à un poste ou à un engagement pris.

> *« Ainsi, avec un "positionner" plus juste intégrant un parler plus vrai et un agir plus responsable, je peux apprendre à être à l'écoute de mes réactions face aux sollicitations, parfois contradictoires, entre mes désirs et les besoins de ceux avec qui je travaille, et je peux apprendre à les traduire en choix personnel. »*

« Avec ces trois outils, je deviens une personne responsable à part entière, je me reconnais dans ma totalité, je donne un sens à ma vie professionnelle. Je prends en charge ma destinée, sans laisser quiconque me définir, me réduire ou me limiter ni résoudre les problèmes pour moi. »

V

CRÉER UN LIEU D'ÉCHANGE NEUTRE POUR « SE DIRE » ET ENTENDRE L'AUTRE

Le lieu professionnel est chargé de significations multiples, valorisantes ou dérangeantes. C'est le cadre d'exercice du travail où se vivent les réussites ou les échecs, où s'expriment aussi les conflits, les tensions. Il n'est donc pas neutre. Échanger sur le lieu de travail, c'est risquer de s'enfermer dans le fonctionnel, de garder les étiquettes, d'être dérangé par la réalité professionnelle... C'est encore plus vrai quand il s'agit de l'échange avec son responsable hiérarchique.
Quand il est possible de créer un espace séparé du lieu d'exercice de la tâche, dans lequel les personnes pourront se retrouver pour échanger, pour parler plus vrai, se dire, écouter... bref, mettre en pratique les principes de base d'une relation créative, d'autres perspectives s'ouvrent alors. Dans le quotidien de la vie des entreprises, chacun connaît l'importance du café du coin, du restaurant, de tel salon ou fumoir d'hôtel... qui sont les annexes indispensables au fonctionnement dynamique et vivant d'une « boîte[1] » !

---

1. Le mot « boîte » devrait interpeller ceux qui l'utilisent journellement pour nommer leur lieu de travail !

Mais peut-être est-il possible de créer un lieu spécifique, une salle, un bureau plus neutre, moins chargé de sens et cela même dans les locaux de l'entreprise, lieu de parole, lieu d'expression, lieu d'échanges à dominantes inter et intrapersonnelles.

« Cet endroit me paraît plus propice à l'expression de mon ressenti ou des difficultés que j'ai dans mon travail ou dans notre relation. En venant ici, je me sens déjà en confiance pour me dire ; de plus, je te sens disponible, sans parasitage extérieur, pour m'écouter... »

VI

DONNER DU TEMPS À LA COMMUNICATION ET À LA RELATION

Le travail est le lieu privilégié de l'action. Dans les locaux, les couloirs d'une entreprise, beaucoup de monde est en mouvement. Certains bougent, s'agitent, se pressent autour d'un « faire » qui étouffe et emprisonne parfois leur être.

À certaines périodes de l'année, le temps semble manquer, sa durée se raccourcir, tout le monde est absorbé par sa tâche, ses responsabilités, par le désir de remplir le mieux possible sa mission, en se demandant « comment il fera pour tout faire à temps ». Dans un tel contexte, le temps consacré à la communication, à l'écoute de soi et des autres est réduit au minimum. Pourtant, nous savons tous que beaucoup de cette agitation et de ce temps sont passés à refaire ou à défaire ce que d'autres ont fait. La plus grande partie de ce « faire » tente de compenser les carences de l'organisation au moment de l'exécution et de la réalisation de l'action et le plus souvent parce que la communication, justement, n'a pas eu lieu correctement et en temps opportun.

La précipitation et l'encombrement du temps nous amènent toujours à repousser, à remettre à un plus tard hypothétique les moments de dialogue avec les autres.

> *« Je voulais te dire cela mais je n'ai pas eu le temps de le faire. »*
> *« Il ne m'a pas semblé que le moment était opportun. Je découvre maintenant les conséquences de cette non-communication (impact sur ton travail, sur notre relation, non-dits, malentendus, hémorragies, carences, erreurs... rattrapages !). »*
> *« Comme tu n'avais rien dit, je croyais que tout était clair et que tu étais d'accord... »*

Certains rituels en entreprise, comme la pause cigarette ou café, servent de cadre et de support à l'échange d'informations, au partage d'expériences, à la confrontation interpersonnelle. L'usage des différents outils de communication proposés dans cet ouvrage, et qui seraient mis en œuvre dans ces lieux de rencontre et de détente, serait un bon support à l'équilibre relationnel des membres d'une équipe ou d'un service.
Les entretiens individuels, généralement prévus une fois ou deux par an (ou parfois provoqués par un conflit, une situation de crise), pourraient se dérouler aussi souvent que nécessaire. Au début de la mise en place de cette approche, il peut être utile de prévoir des rencontres régulières programmées pour échanger sur les projets en cours. Par la suite, l'apprentissage de la liberté de se dire, facilitant une expression spontanée, permettrait d'étaler les entretiens, de baliser plus librement des rencontres informelles. « Entre-

tien » veut bien dire maintenir, protéger, sauvegarder, prendre soin de la relation.

« Avant je ne savais jamais comment lui dire les difficultés que je rencontrais. J'essayais par des moyens détournés de le lui faire savoir, mais je n'avais pas l'impression d'être entendu. Il me fallait déployer des énergies importantes pour inventer des moyens de m'exprimer et cela me prenait la tête. Aujourd'hui, je me sens plus libre de dire à mon supérieur, sans trop me polluer longtemps avec mes difficultés. Le fait de savoir que je peux le faire en étant écouté me rend plus responsable de mes paroles. Je suis plus attentif à bien vérifier que ce n'est pas un faux problème et que je ne dispose pas déjà de la solution par moi-même. »

« J'apprécie beaucoup cette ouverture que donne la possibilité de ces échanges informels pour pouvoir parler de soi, de son vécu, de ce qui nous habite concernant notre travail. »

VII

SAVOIR MIEUX SÉPARER, MIEUX DIFFÉRENCIER L'ESPACE FAMILIAL DE L'ESPACE PROFESSIONNEL

À certaines périodes de notre vie professionnelle nous importons beaucoup de pollutions de notre cadre de travail dans notre famille ou notre lieu de vie. Beaucoup de soucis, de tensions, de stress liés à notre emploi ont une résonance très grande sur les relations affectives avec nos proches. L'entreprise n'exporte pas simplement des pollutions technologiques, matérielles ou chimiques mais aussi des pollutions émotionnelles et relationnelles, qui retentissent sur la vie personnelle, conjugale ou familiale. Ainsi, si j'ai été blessé par une remarque, frustré par une décision, agressé pour une erreur ou un retard, vais-je peut-être me montrer impatient, irrité, exigeant avec mes enfants, ma femme, mon chien ! En déposant sur mes proches des résidus, des scories de tensions, d'insatisfactions ou de malentendus, je leur fais payer ma propre incohérence.

Des études réalisées à Paris et dans les grandes métropoles ont montré que le temps passé dans les embouteillages pouvait être salutaire pour certaines personnes. Il constitue un sas de décompression qui

réduit en partie la transmission des pollutions d'un lieu vers l'autre. Chacun peut ainsi décharger partiellement ses tensions professionnelles, commencer à faire le vide, pour doucement basculer dans un autre espace, d'autres préoccupations, d'autres relations. Avec l'écoute des informations, de la musique, ou la plongée dans un autre univers, le passage entre vie professionnelle et vie personnelle est facilité, même s'il n'y a pas toujours étanchéité.
Cela n'évite pas de déverser parfois sur des proches ses « problèmes », de se servir d'eux comme poubelle, de les prendre à témoin de nos difficultés, de nos interrogations, de nos doutes ou de nos errances. Ce qui ne veut pas dire qu'il n'est pas possible d'échanger avec son conjoint ou sa famille sur le contenu, les aléas ou les réussites de sa vie professionnelle, mais que le souci doit exister de ne pas les charger du poids de nos tensions, de nos frustrations professionnelles. Trop souvent, quand le travail n'apporte pas de satisfaction, la famille peut devenir un lieu d'attentes compensatoires.

« Je travaille, moi, si tu avais un peu plus de sensibilité tu devrais comprendre mes attentes et mes besoins... quand même ! »
« Je subis déjà plein de demandes et de pressions dans mon travail, tu devrais comprendre que j'ai besoin de souplesse, de compréhension de ta part. »
« Si je ne suis pas reconnu dans mon travail, si je ne me sens pas respecté ou simplement écouté, je vais faire preuve d'exigences d'autant plus importantes à la maison. Je pourrais même exercer sur mes proches

un pouvoir que les autres ne me donnent pas au boulot. »

Quand l'entreprise est consciente de ces faits, elle peut favoriser des temps de décompression, se donner les moyens de faciliter une coupure entre le travail et la vie personnelle.
Parfois même, la réunion occasionnelle des deux relations (professionnelle et personnelle) peut contribuer à alléger le poids de l'une ou de l'autre ou à renforcer la cohésion et la confiance. Cette pratique peut faciliter la compréhension par le conjoint des contraintes, des exigences particulières liées à tel emploi, à telle société.

Sept actions et deux conditions de réussite : se former aux règles de la communication relationnelle et se les approprier au quotidien.
Pour que les actions précédentes trouvent leur pleine efficacité, il importe qu'une condition *sine qua non* soit remplie au préalable : avoir intégré les règles de la communication relationnelle.
Pour certains, effacés, inhibés par des années de silence, de soumission, par une éducation qui les a privés de leur parole, la réappropriation d'une expression personnelle, centrée, demandera beaucoup de constance, de vigilance.
Pour d'autres, à l'inverse, c'est l'apprentissage de l'écoute, de la confirmation de l'autre dans son expression qui leur permettra de dépasser la pratique abusive de la relation Klaxon, les tentations de la prise de pouvoir sur les autres par une parole facile, trop

fréquemment utilisée pour s'affirmer ou se protéger de leurs propres peurs.
Dans la plupart des cas, un apprentissage concret pourra être proposé pour transformer plusieurs décennies de silence ou d'habitudes. En appliquant quelques règles d'hygiène relationnelle connues et valorisées par une pratique régulière, les ajustements et l'intégration se feront progressivement, avec de la patience, beaucoup de courage et de ténacité, mais les fruits se feront finalement sentir.

« Avant, tout cela me paraissait théorique, même un peu ridicule; aujourd'hui je ressens profondément ce que ces outils m'apportent dans ma relation aux autres, mais aussi vis-à-vis de moi-même, j'ai le sentiment de mieux me respecter et de l'être aussi par ceux qui m'entourent. »

LES SEPT POINTS D'APPUI DU MANAGER POUR CONTRIBUER AU DÉVELOPPEMENT DE RELATIONS CRÉATIVES[1]

Pour le management, il existe aussi des outils à maîtriser pour asseoir ce rôle d'animateur et de stimulateur des énergies individuelles. La fonction de management est centrale dans une telle démarche. Car si le manager est invité à pratiquer les mêmes règles que celles décrites dans cet ouvrage, il est aussi un **animateur**, celui qui donne une âme, un **dirigeant**, celui qui donne la direction, un **référentiel**, celui sur qui il est possible de prendre appui.

Il importe qu'il soit particulièrement attentif à la façon dont il se conduit.

S'il veut être le moteur de cette transformation, il restera vigilant tant sur sa propre évolution que sur ses propres résistances à changer. Il lui sera difficile de rester sur des positions acquises au risque de stagner. Il sera amené à progresser, à évoluer, à se transformer par lui-même.

Un management efficace passe par le développement d'un *relationnel* (être relié) très fort qui devient un facteur aussi important que le *professionnel* (être organisé) dans la réussite de l'entreprise.

---

1. Un ouvrage complet est consacré à ce thème : *Le Manager inspiré, meneur d'hommes, fertilisateur d'énergie et procréateur de richesses humaines*, Christian Potié, éd. Groupe XL.

Il ne suffit plus de diriger des personnes, encore faut-il être capable de les faire travailler ensemble.
Voici quelques repères de renforcement pour managers qui veulent pratiquer et proposer le management relationnel.

• Se positionner comme des leaders conscients de leurs responsabilités en matière de management des hommes.
• S'affirmer dans leurs fonctions principales[1].
• S'approprier les points d'appui du management relationnel.
• Faire sien tout ou partie des clés de la transformation du management (présentées en Annexes).
Un manager relationnel manage directement les hommes, il manage par délégation la technique, la finance, le commercial... Les points d'appui présentés ici ne sont pas originaux, par contre ils s'inscrivent dans la logique que nous avons décrite précédemment. Leur mise en œuvre repose sur le respect d'une approche cohérente, comme nous allons le montrer.

Point d'appui n° 1
Rassembler autour du projet d'entreprendre

Manager des hommes, c'est les entraîner et les mobiliser vers un but à atteindre. Cela suppose d'être sensibilisé aux principes et aux techniques de base de l'action et de la dynamique des groupes.

1. 1. Donner une vision; 2. Décider, planifier et gérer avec réflexion; 3. Réaliser la mise en relation; 4. Participer à l'action.

En s'appuyant sur un projet de service, de département, d'équipe et celui plus global de l'entreprise selon le niveau de responsabilité du manager, il lui restera à développer des aptitudes spécifiques pour être capable de rassembler, de rapprocher et lier ensemble tâches et personnes. Nous avons déjà spécifié le contenu de ce projet : donner la vision, fixer les ambitions, afficher les valeurs, définir le positionnement et établir la structure.

Ce travail est la première tâche de tout manager qui veut assumer totalement ses responsabilités. Il ne s'agit pas de construire un monument historique, c'est-à-dire quelque chose de figé qui se révélera rapidement inadapté à la situation présente quand arrive la confrontation avec le terrain, ni un château en Espagne fait de rêves inaccessibles, mais de proposer un repère, un ancrage permanent pour chacun.

Un manager est comme un guide de haute montagne. Parmi ses attributions il lui revient de parfaitement connaître l'environnement, d'être capable de décoder les événements et d'anticiper les problèmes. Il lui appartient de donner la direction, de rassurer, de s'assurer que tous les moyens et les conditions nécessaires à la réussite sont réunis. Personne ne comprendrait que le voyage soit organisé sans préparation, ni rigueur, ni appréhension de l'évolution des conditions extérieures, ni moyens adaptés aux difficultés.

En plus de tout cela, en montagne comme dans le management relationnel, le plus important est la place accordée à la dimension humaine pour favoriser

l'atteinte des objectifs et le développement de relations harmonieuses et créatives au sein du groupe.
L'entreprise est avant tout humaine, et son efficacité naît de l'harmonie qui existe entre les personnes, ainsi que du potentiel créatif que représente leur mise en relation.

Point d'appui n° 2
Donner un objectif à chacun et pratiquer l'évaluation relationnelle des résultats

Toute action collective repose sur des principes reconnaissables et acceptés par chacun. Leur connaissance, leur maîtrise est une condition importante de la réussite des groupes et des hommes qui les composent. Utiliser les talents individuels dans une dynamique de groupe, telle est la mission principale du manager. Il est essentiel, le projet d'entreprendre étant établi et partagé, de soutenir la réalisation d'un certain nombre d'actions qui relèvent d'initiatives plus personnelles.

• **Fixer, d'une part, les objectifs collectifs et transfonctionnels** de l'entité concernée tant au niveau des processus opérationnels qu'au niveau des processus d'amélioration.
Et, d'autre part, à partir de l'analyse du contexte et particulièrement des facteurs clés de succès, des enjeux auxquels l'institution a à faire face, des menaces et des risques encourus dans la réalisation du projet d'entreprendre, revigorer, dynamiser ses collaborateurs directs, établir des objectifs à trois ou cinq ans

(en relation, bien sûr, avec leur compétence et leur dynamisme personnels), mieux définir les axes prioritaires d'amélioration personnelle.
En ce qui concerne ces derniers, il veillera à ce que l'amélioration de la situation relationnelle puisse être prise en compte et particulièrement l'élimination des attitudes antirelationnelles et du sabotage relationnel.
Objectifs et axes prioritaires d'amélioration sont qualifiés de transfonctionnels car ils couvrent toute l'entité indépendamment des intérêts partisans et fonctionnels (l'optimisation globale n'est pas égale à la somme des optimums locaux).
Le manager devra intégrer dans l'affectation des ressources le temps nécessaire à l'échange, à la confrontation, à l'apposition des points de vue et des idées et pas seulement celui relatif à la production.

• **Favoriser l'appropriation et l'intégration de ces objectifs par les structures** en veillant particulièrement à ce que chaque personne puisse se sentir concernée en termes de contribution aux résultats et objectifs de l'entité. Cette phase d'appropriation est importante dans l'expression des positions et du mode de collaboration de chacun. Elle permet de mettre en évidence les incohérences et les zones d'ombre qui, mal identifiées au départ, pourraient devenir des causes de conflit. Ainsi chacun pourra définir son rôle, sa mission et sa contribution dans un processus d'échange qui sera vraisemblablement plus créatif si les outils de communication proposés précédemment sont mis en pratique par chacun.

« Voilà les objectifs de notre entreprise, voici ceux qui nous incombent, ils touchent aussi bien à notre production qu'aux axes d'amélioration que nous poursuivons. Est-ce que tu trouves ta place dans ces objectifs ? Peux-tu me dire quelle contribution tu souhaites apporter et en particulier quel rôle tu désires jouer ? »
« J'ai le désir de participer activement à tel ou tel projet car je connais la contribution positive que je peux avoir. Par contre, en ce qui concerne tel objectif, je ne le considère pas réaliste et je crains beaucoup qu'une telle ambition ne soit pas possible sans autre moyen que ceux dont nous disposons. »
« Je ne me reconnais absolument pas dans ce projet de service et les objectifs proposés. J'ai déjà exprimé mon inquiétude lors de sa préparation, et j'ai le sentiment de ne pas avoir été entendu... », etc.

• **Veiller à ce que chaque engagement souscrit soit réaliste** et prenne en compte tous les risques potentiels. Manager les hommes, ce n'est pas les mettre devant des obstacles insurmontables mais au contraire apprécier leurs capacités et leurs aptitudes à les franchir et soutenir leur aspiration au dépassement de soi. Le manager encourage la personne et lui offre un challenge personnel.

« J'ai le souhait que cette année te permette de dépasser tes résultats/performances de l'année dernière, est-ce que cela rejoint tes objectifs et quelles ambitions as-tu de ton côté ? »

• **Avoir une attention particulière au développement du climat relationnel et de l'harmonie entre les personnes et la mettre au service des individus.** C'est là que le manager joue sa contribution personnelle aux résultats de l'entité. C'est sa responsabilité prioritaire telle que nous l'avons exprimée dans la Charte du manager[1].

• **Réaliser l'évaluation des résultats autant sur la base des éléments mesurables et rationnels de l'activité que sur le développement du relationnel et des richesses humaines.**
Cette façon de faire originale s'appuie sur le principe que la première richesse créée par une entreprise est humaine, et que les autres richesses, techniques, puis économiques et enfin financières, en découlent naturellement.
Ainsi, avant de me polariser sur les résultats financiers (conception classique de l'évaluation), je peux m'assurer que la personne trouve dans le fonctionnement de l'institution les ressources et l'énergie nécessaires à l'épanouissement de ses potentialités, je peux l'aider à s'exprimer sur les obstacles et les soutiens qu'elle rencontre. Après quoi, dans un climat de plus grande confiance et de sérénité émotive, il sera possible de passer au crible les éléments rationnels, budgétaires et opérationnels de l'activité.

1. Voir Annexes.

Point d'appui n° 3
Mettre en place des structures qui favorisent la relation directe et l'autonomie individuelle (structures transverses, processus et projet)

Il est des structures plus efficaces que d'autres. Organiser, structurer, planifier et coordonner l'action opérationnelle, tels sont les attributs de l'une des fonctions de base du manager. Certaines structures favorisent l'action collective et la créativité tout en développant la responsabilité individuelle. Nous ne décrirons pas ici les caractéristiques des structures transverses[1], telles que les organisations matricielles, le fonctionnement par processus et le management par projet. Néanmoins, **ces structures ne peuvent donner le meilleur d'elles-mêmes que si les acteurs sont sensibles à la qualité de leur communication et à leur façon de gérer les relations humaines.**

Les modes de fonctionnement transverses suppriment les inconvénients des structures fonctionnelles hiérarchisées autour de la gestion et de l'optimisation d'une ressource. Ils favorisent le centrage sur le résultat avant de s'intéresser aux moyens. Ils permettent de mobiliser les personnes sur les objectifs et non pas seulement sur les ressources. Ils imposent une définition claire et précise des responsabilités, de la contribution de chaque

1. Voir à ce propos *Le Management transfonctionnel, op. cit.*

poste au résultat. Ils requièrent une vraie dynamique de groupe qui ne sera obtenue que si le relationnel est totalement pris en compte.

Les membres des équipes-projet ou les participants dans les processus transverses ont à intégrer eux-mêmes les bases de la communication présentées dans cet ouvrage. Ils seront chargés d'appliquer avec rigueur, sinon avec persévérance, les règles de l'hygiène relationnelle qui y sont exposées. Sans ces données de base les difficultés seront nombreuses.

Nous pensons que les échecs des structures transverses (processus, projet) tiennent au mode relationnel insuffisamment développé et à l'absence de confrontation positive, respectueuse des positions de chacun, l'absence d'ouverture aux attentes de l'autre, à son besoin d'être entendu dans ses demandes.

Une entreprise organisée traditionnellement peut toujours survivre aux effets d'une crise relationnelle dans un contexte de compétition peu virulente. L'entreprise soumise à une concurrence impitoyable périra ou sera amenée à sacrifier une partie de son potentiel humain si elle ne sait pas trouver les ressources de sa survie et de son développement dans les richesses humaines à sa disposition. Or cette richesse ne peut émerger que dans un climat relationnel sain et respectueux des uns et des autres.

Point d'appui n° 4
Établir sa matrice de position relationnelle et de style de management

Le manager ne manage que des hommes. Mais tous les hommes sont différents, ont des situations et une maturité tant professionnelle que relationnelle particulière et d'une certaine façon unique, auxquelles le manager aura à s'adapter. L'une des qualités essentielles du manager sera de personnaliser sa relation et son style de management en fonction de la personne avec qui il travaille. Les quatre styles de management, empruntés à la typologie de Hersey et Blanchard, sont :

• **Directif** : le manager directif est amené à structurer le travail et à diriger la tâche de son collaborateur. Ce style est nécessaire dans le cas de collaborateurs méconnaissant le domaine d'exercice du travail, la tâche et les risques associés.
De même, il se justifie dans les situations d'urgence, lorsque la compétence fait défaut, lorsqu'il y a danger, lorsqu'il y a carence dans une fonction. Certes, il ne permet pas au collaborateur de progresser ou de s'épanouir mais il peut permettre de le rassurer, de le réconforter dans une passe difficile. Ce type de management devrait être **ponctuel et transitoire**.

• **Participatif** : le manager participatif associe ses collaborateurs à la réflexion, à la prise de décision, il cherche le consensus et, par-delà, l'engagement individuel dans le mouvement collectif.

Cette forme de management est très motivante et favorise la synergie de groupe, même si elle n'est pas applicable à toutes les situations.
Elle demande de la part des collaborateurs une maturité tant sur le sujet traité que sur le mode de fonctionnement (prise de parole, créativité, écoute...). De même le style participatif ne doit pas être la couverture d'une incompétence du manager à assumer les décisions et les choix qui lui incombent. Il ne peut s'exercer de façon permanente à tous les niveaux, mais pourra **rayonner** et se proposer dans plus de situations qu'on ne l'imagine au départ.
Il doit permettre au managé de sentir qu'il y a un manager souple, cohérent, fiable en face de lui.

• **Persuasif** : le manager persuasif mobilise, entraîne, subjugue, séduit... ses collaborateurs, soit par son exemple, soit par la parole. Dans tous les cas, il déploie des aptitudes à stimuler les énergies puisqu'il arrive à engager les uns et les autres dans un processus où chacun a envie de se surpasser, d'aller au-delà de ses limites pour suivre le leader, pour lui montrer de quoi il est capable. Cette forme reste le plus souvent attachée à une occasion, à un **projet exceptionnel**.
Car elle peut aussi se révéler manipulatrice lorsque les éléments mis en œuvre ou les arguments développés vont se révéler vides de contenu et être peu adaptés à la réalité. Ce type de management risque, dans sa répétition, de démobiliser et de rendre conformiste.

- **Délégatif** : le manager délégatif **responsabilise totalement** son collaborateur. Il définit avec lui la cible, s'assure que les contours du chemin sont bien appréhendés, et laisse l'autonomie d'action et de décision à celui à qui il accorde la délégation. L'évaluation régulière se fait sur la base de l'avancement et des difficultés rencontrées.
C'est la forme la plus évoluée des quatre styles décrits par Hersey et Blanchard. Elle couronne le rôle du manager lorsque celui-ci a pu mettre tous ses collaborateurs à ce niveau de responsabilité et d'autonomie.

Chacun de ces quatre niveaux est cohérent. Ils peuvent être complémentaires suivant les différentes phases ou péripéties rencontrées pour une action donnée. Leur usage dépend de la situation, de la personne et du climat général de l'entreprise.
Il n'existe pas un style de management à proposer comme modèle pour un manager en recherche. Mais quatre styles de management pour quatre types de collaborateur, ce qui offre un éventail de possibles suffisamment large pour faire face à de multiples situations et à tout l'imprévisible de la vie d'une entreprise.
Pour inciter à une ouverture sur les différents types de comportement susceptibles de dynamiser les managers, nous avons créé la matrice de position relationnelle (page suivante) qui permet d'identifier et de positionner clairement le type de relation, puis le style de management à adopter, en fonction de chaque collaborateur, afin de développer la qualité et le contenu de la relation.

Cette grille est dynamique, dans le sens où elle n'est pas une recette, mais une balise pour un repérage plus adéquat à l'exercice d'un management relationnel.

Matrice de position relationnelle et style de management associé

Comment adapter mon style aux situations rencontrées ?
S'il peut paraître évident que mon attitude diffère selon le cas de figure personnel/professionnel, il convient d'apprécier quel est le style le plus adapté aux situations. L'analyse de situations professionnelles correspondant aux quatre cas présentés précédemment montre que tous les managers changent leur façon d'être selon qu'ils sont confrontés à ces situations.

Axe professionnel (métier, savoir-faire, compétences) / **Axe personnel (moi-l'autre, l'état de ma relation à l'autre)**	**Compétence professionnelle ou expérience insuffisante**	**Compétence professionnelle satisfaisante ou excellente**
Très mauvais lien personnel	Directif Position A	Participatif Position B
Très bon lien personnel	Persuasif Position C	Délégatif Position D

La matrice de position relationnelle lie **les deux niveaux, relationnel et professionnel**. Elle permet de mettre en évidence l'état des relations avec ses collaborateurs et inversement d'offrir à chaque collaborateur la possibilité de savoir où il en est dans ses relations avec son manager.

Il s'agit là, bien sûr, d'une indication de comportement. Si je n'ai pas confiance dans un collaborateur, que ce soit pour des raisons de jeunesse professionnelle ou pour un problème avéré de compétence dans le poste, mon attitude variera selon la « qualité de mes relations » avec lui. Si nous avons une grande confiance relationnelle, il me sera possible de le stimuler, de tenter de le convaincre de la nécessité de progresser professionnellement ou d'acquérir de l'expérience, de renforcer sa compétence... Mon **style** sera plutôt **persuasif**. Si par contre notre relation est tendue, ma confiance relationnelle est au plus faible, et si je n'ai par ailleurs aucun moyen de le convaincre, d'entretenir un dialogue constructif avec lui puisque nous sommes en « relations tendues », alors le **style directif** s'impose, non pas dans le but de l'infantiliser, mais de m'assurer que tout est mis en œuvre selon le processus prévu et que ni lui ni moi ne prenons le risque d'une défaillance professionnelle qui pourrait avoir des conséquences graves. En tant que manager, j'assume mes responsabilités en fixant le contenu du travail et, d'une certaine manière, la façon d'atteindre les objectifs.

Par contre, dans le cas d'un collaborateur hautement qualifié professionnellement, reconnu, performant, dans l'hypothèse où ma relation est difficile, tendue, je ne peux pratiquer une guidance directive car un risque d'affrontement pourrait en résulter, un conflit ne manquerait pas de naître, suscité ou entretenu par mon attitude. Le **style participatif** apparaît le plus adapté, il consiste à laisser une marge de manœuvre, un terrain d'expression professionnelle en évitant de frustrer, de blesser par une attitude qui serait vécue comme l'exercice d'un pouvoir né du statut hiérarchique et non pas d'une autorité reconnue. Avec une attitude participative qui favorise l'expression individuelle dans un cadre malgré tout défini, je laisse à l'autre une liberté d'action et une latitude qui lui permettent d'affirmer toute sa valeur professionnelle et qui peuvent, par ailleurs, être la base d'une évolution de l'aspect relationnel. Dans le cas d'une parfaite entente relationnelle, le **style délégatif** apparaît être le plus adapté. Je peux travailler en toute confiance, en toute liberté avec cette personne professionnellement compétente, avec qui je peux m'exprimer librement et qui peut aussi le faire de son côté.

Pourrais-je me saboter en ayant un autre style que celui consistant à déléguer tout ou partie de la responsabilité dans le domaine de compétence de mon collaborateur ? En tant que collaborateur, puis-je refuser les responsabilités lorsque j'ai les compétences pour les assumer et la confiance de mon manager ? Ce dernier cas de figure représente la situation idéale de laquelle nous rêvons et vers laquelle il est possible de tendre ! Le style change en même temps que la relation se construit. Le manager doit garder le souci, chaque fois que cela est possible, de construire une relation basée sur la confrontation et de favoriser le développement professionnel de ses collaborateurs, en leur donnant des tâches valorisantes, responsabilisantes dans lesquelles ils trouveront un support pour la mise en œuvre de leurs compétences, l'affinement de leur expérience et le nourrissement de leur confiance en eux.

Comment faire évoluer une relation ? Si chaque collaborateur peut se positionner, il est possible de définir un chemin d'évolution négocié avec son responsable. Comment entraîner chacun à développer la position D ? Partant de A, le cheminement consiste avant tout à passer par C pour accroître le niveau relationnel qui fournira l'énergie nécessaire au collaborateur et au manager pour passer ensuite de C en D. Néanmoins, dans certains cas d'antagonisme liés au manque de compétence, ou de confiance en soi du collaborateur, qui bloque toute ouverture à l'autre, il peut être nécessaire de passer par B avant d'aller en D. Partant de B, la situation est la même, c'est le relationnel qu'il faut améliorer pour passer directement en D.
Cette matrice peut être une bonne référence pour développer et améliorer ses relations à condition d'être complétée par sa réciproque, à savoir la possibilité d'évaluation du manager par ses collaborateurs (voir point d'appui n° 7).

Dans le même ordre d'idées, cette matrice peut être utilisée pour analyser les relations latérales, celles qui ne sont pas dans la ligne hiérarchique. Ce travail peut être mené à deux, pour échanger sur la perception que l'un et l'autre ont sur la relation. Cette matrice met ainsi en évidence les réseaux relationnels où l'information et la créativité fonctionnent à plein, mais aussi les nœuds pathologiques qui produiront, à terme, si les managers concernés ne s'en occupent pas, l'équivalent de kystes (blocages relationnels), d'abcès (conflits interservices ou interpersonnels), de cancers (dénigrements, sabotage)... qui seront les noyaux durs qui vont alimenter les pathologies institutionnelles.

Point d'appui n° 5
Accepter de se faire entraîner [1], pratiquer le coconseil et les groupes d'échange relationnel

Les ressources de la communication, si elles sont dévoyées de leur finalité (mettre en commun) par qui détient le pouvoir ou par des collaborateurs négativants, peuvent être un instrument redoutable d'asservissement des autres. Pour peu que le manager ait des aptitudes réelles de communicateur (à ne pas confondre avec celles d'un communicant), c'est-à-dire qu'il soit capable de trouver les arguments qui banalisent la situation, ou de convaincre, d'étourdir de mots, d'images... S'il est un peu hâbleur et plein d'humour, il sera capable de retourner une situation, de relancer ou de remobiliser provisoirement une équipe ou un service, mais ne sera pas pour autant un homme de communication, un générateur de rela-

1. Les Anglo-Saxons parlent de *coaching*, c'est-à-dire de l'entraînement donné par une personne qualifiée dans le domaine en question.

tions créatives. Il saura révéler chez les autres des mouvements, peut-être des énergies, mais pas forcément les accompagner ni maintenir avec eux de véritables relations faites d'échange et de réciprocité.
De même, les difficultés (rigidité, sentiment de persécution, perversité banale, incohérence, variabilité trop grande des humeurs) à entrer en relation avec l'autre, à l'entendre et à l'aider à exprimer ses perceptions, ses ressentis sur le travail et la relation, seront un facteur important de blocage des énergies mises en œuvre dans l'entreprise.
Lorsqu'un collaborateur rencontre son manager, il devrait ressortir de l'échange avec beaucoup plus d'énergie qu'il n'en avait en entrant. Ce n'est malheureusement pas toujours le cas. Il repart dans le service, souvent avec deux fois moins d'énergie parce qu'il s'est « fait engueuler », « remonter les bretelles » ou « remettre en place », parce qu'il n'a pas pu s'exprimer, parce qu'il s'est senti attaqué, infériorisé ou disqualifié...

« Chaque fois que je rencontre mon chef, c'est toujours la même chose, j'ai toujours tort ou je n'ai jamais raison. Il ne m'écoute pas, ne prend pas en compte mes idées, ne me permet pas de me positionner face à la situation. J'ai le sentiment de passer à la moulinette pour devoir ensuite entrer dans ses vues. J'en ressors meurtri et malade ! »
« Avec Paul, par contre, j'ai vraiment l'impression d'être avec quelqu'un qui sait entendre ce que je dis, et même s'il n'est pas de mon avis, j'ai le sentiment que

nous pouvons échanger. Quand je quitte son bureau, je me sens plein d'énergie et de courage, prêt à me surpasser dans mon travail. En plus il sait toujours mettre en avant mes réussites et m'aider à trouver des solutions qui me permettent de mieux me confronter à mes difficultés. Je sais que je peux compter sur lui, que je peux progresser, et cela me donne envie d'être plus performant. »

Pour favoriser la prise de conscience des managers, encore faut-il qu'ils puissent être confrontés à des personnes qui mettront en évidence leurs propres difficultés d'expression et de communication. Lorsque nous avons listé les comportements et les expressions antirelationnels, nous avons été attentifs au poids de chaque mot et à son impact sur la relation. L'analyse du comportement du manager ainsi que de la sémantique de sa communication est un moyen de progresser vite.

Pour aider le manager dans ce sens, deux cas de figure s'offrent :

- soit des collaborateurs suffisamment libres et confiants qui n'hésitent pas à le reprendre sur sa façon de communiquer et d'être en relation;
- soit des collègues qui pourront lui exprimer un certain nombre de remarques sur sa façon de faire pour que chacun à son tour puisse analyser les situations vécues et faire se rencontrer des perceptions et des analyses différentes.

Dans les deux cas le piège à éviter est d'entretenir le réactionnel, les plaintes et les accusations mutuelles :

• Le premier cas de figure suppose que le climat de l'entreprise soit suffisamment ouvert et mature pour ce type de pratique. Cette forme de maturité concerne autant les managers qui accepteraient, sans se vexer ni se sentir agressés, les remarques de leurs collaborateurs que les collaborateurs eux-mêmes qui accepteraient de recevoir en retour... cette même liberté.
Dans cette situation, il convient d'utiliser le référentiel que nous avons présenté dans le premier chapitre de cette partie, les règles de base de la communication créative.

• Dans le second cas, c'est un collègue investi d'une fonction de garant, voire de consultant, qui jouera le rôle de miroir et de conseil. Son regard sur les événements et sur les situations lui permettra d'aider le manager concerné à comprendre ses comportements (prise de conscience) et ainsi à réfléchir à un plan d'évolution relationnelle. Cette aide étant réciproque, nous parlons de coconseil, une forme d'entraide qui permet par ailleurs d'enrichir les relations latérales et d'améliorer l'efficacité du travail entre les personnes concernées.

> *« J'ai un réel désir, depuis que je suis allé en séminaire, de modifier ma façon de communiquer, mais il me faut du temps [prise de conscience]. Je te demande de me recentrer sur ces outils tant que je ne les aurai pas moi-même assimilés [demande et positionnement clairs]. J'ai vraiment envie de progresser, d'être un meilleur manager dans mes relations à l'équipe [désir]*

et j'attends qu'au cours des prochains mois, tu m'aides à mieux comprendre mes attitudes antirelationnelles [prise en charge de ma difficulté]. Afin de matérialiser ce projet et de me recentrer sur mon projet chaque fois que nécessaire, j'ai choisi un livre sur le management relationnel comme symbole de mon désir ! »

Pour les managers au plus haut niveau de la hiérarchie, il leur appartient de se former pour analyser les situations relationnelles qu'ils vivent sans trop de projections personnelles, de se soumettre à une évaluation par leurs collaborateurs directs et de demander conseil, dans une action de *coaching*, à un consultant spécialisé en management relationnel et communication créative.

Les groupes d'échange relationnel sont un des moyens de travailler en commun sur ces mêmes sujets et sur l'affinement d'une pratique pour une communication relationnelle. Ils sont animés alternativement par l'un des participants, et des cas pratiques sont proposés par les autres à partir des situations rencontrées afin d'être explorés et analysés par le groupe. Tous les outils proposés dans le troisième chapitre de la troisième partie (« Bases de la communication interpersonnelle ») seront utilisés. La symbolisation de la relation par l'écharpe relationnelle en particulier, afin de rendre pratique et concrète l'exploration des confrontations possibles.

Un travail de conscientisation pourra être réalisé sur les peurs, les désirs, la prise de décision, l'engagement, le positionnement, l'écoute... Les groupes d'échange relationnel sont un bon support pour créer les conditions d'un effet de purge, favorisant l'évacuation des tensions, des parasitages, ou des déchets inévitables, résidus d'une communication vivante. Il est important de ne pas oublier que le propre du vivant est de produire des déchets, et qu'il est nécessaire d'avoir un système en bon état de marche pour l'élimination des résidus. En gardant à l'esprit que toute relation vivante, du fait même qu'elle est vivante, produit des déchets qui ne sont pas automatiquement expurgés.

Point d'appui n° 6
Accepter de se remettre en cause à partir d'un travail de développement personnel

Ce sera en quelque sorte élaborer sa propre charte de vie en management.
Chaque être humain avec ses croyances, ses aspirations, ses composantes pathologiques normales, peut avoir le sentiment d'un devoir ou d'une mission à accomplir. Certains ont ainsi le sentiment de ne pas être là pour rien ni par hasard. Donner un sens à son existence est un des grands enjeux de la vie, auquel chacun apporte la réponse qui lui convient le mieux en fonction de son éducation, de sa culture, de son histoire, de ses aspirations et du moment de sa vie.
Dans le domaine de la vie professionnelle, une réflexion peut être menée par les managers pour comprendre et donner un sens à celle-ci. **On n'est (on naît !) pas manager par hasard.** De plus, les responsabilités qu'ils doivent assurer sont telles (animer des hommes, donner un souffle, une dimension qui transcende les groupes et les projets...) que la définition

de leur mission, de leur rôle, de leur fonction sera au cœur de leur formation personnelle.
En se donnant les moyens de mettre de l'ordre dans leurs ambitions personnelles, leurs objectifs de vie, leurs peurs, leurs besoins..., ils clarifieront non seulement leur comportement professionnel mais aussi leur vie personnelle et familiale et, par voie de conséquence, ils pourront développer plus de cohérence dans leurs attitudes relationnelles.
Dresser sa carte de vie en management, ce sera tenter de répondre aux questions suivantes :

- Quelles sont mes ambitions personnelles ?
- Quelles en sont les conséquences sur ma vie professionnelle ?
- De quoi suis-je parti et que me reste-t-il à parcourir ?
- Quel prix devrai-je payer pour cela (moi et ceux qui m'entourent) ?
- Suis-je prêt à le payer (quelles conséquences sur ceux qui m'entourent ?) ?
- Quels sont mes désirs prioritaires, mes peurs dominantes ?
- Ai-je équilibré les différentes facettes de ma vie (personnelle, familiale, affective, sociale, professionnelle) ?
- Suis-je en harmonie interne, aligné, centré, associé, équilibré sur les plans physique, émotionnel, intellectuel et spirituel ?
- À quels handicaps et faiblesses vais-je me confronter ?
- Quels sont les atouts et les ressources sur lesquels m'appuyer ?

- Comment est-ce que je conçois mes relations avec les hommes qui me sont confiés ou qui se sont confiés à moi ?
- Quels sont ma mission, mon rôle, ma fonction, mon devoir, ma responsabilité ?

Ce travail de réflexion pourrait être demandé à toute personne ayant une relation d'encadrement d'hommes. Il est lié à la prise de conscience du contenu des responsabilités et à la façon dont le manager les exerce ou souhaiterait les exercer. Si les principes de la communication ne sont pas appris dans le cursus scolaire de base, on n'apprend pas davantage les principes du management dans les universités et dans les grandes écoles. Quelle faille pour ceux qui ne sont pas convaincus que l'homme est la seule vraie richesse de l'entreprise et de la société, et que la communication est la matière première la plus indispensable au fonctionnement de la vie d'une entreprise et donc de l'économie !
Il appartiendra à chacun de confronter ses réponses avec la Charte du manager proposée en annexe, non pas pour en analyser les écarts mais pour enrichir sa réflexion et lui permettre d'approfondir sa pratique.
Il vaut mieux parfois changer de fonction plutôt que de tenter d'assumer celle qui vous a été confiée si vous ne vous sentez pas prêt pour réaliser les différentes tâches qui vous incombent. De même si vos demandes pour parfaire votre compétence n'ont pas trouvé la réponse souhaitée dans le cadre institutionnel. Il vaut mieux parfois changer d'entreprise que d'être otage d'un fonctionnement ou d'une politique auxquels vous ne souscrivez pas.

Cela peut paraître aujourd'hui, où nous sommes en situation de crise, quasi impossible à celui ou à celle qui se trouve dans cette situation. La difficulté à trouver un emploi, le besoin de sécurité vont faire que beaucoup continuent à accepter de travailler dans un système relationnel qui leur est non seulement préjudiciable mais qui va se révéler également catastrophique pour le fonctionnement d'un service. Même si cela ne met pas en péril l'entreprise, le coût interne en sera élevé, et la pérennité à long terme remise en question !

> *« Sans jugement de valeur sur le fond et sur les personnes, mon efficacité personnelle et ma motivation dépendent de l'harmonie et de l'adéquation qui existent entre le projet qui m'est proposé et mes aspirations personnelles. »*
> *« Ma cohérence personnelle sera en péril chaque fois que je serai confronté à une inadéquation entre mes attentes, mes possibles et les réponses de l'entourage. »*
> *« La découverte de mes seuils d'intolérance et la capacité à en témoigner, plutôt que de rester dans le non-dit, peuvent faire l'objet d'une médiatisation, de réajustements possibles... et surtout d'une confrontation plus ouverte. »*

Le degré de vitalité d'une entreprise ou d'une équipe sera fonction de sa capacité à accepter d'entendre les crises comme des tremplins, pour permettre à un maximum de ses membres de développer cohérence et respect de soi dans sa pratique professionnelle. La santé relationnelle des membres d'une équipe sera liée à la capacité d'opérer des choix, de se positionner clairement et de façon autonome en renonçant à une sécurité immédiate, pour un équilibre personnel et familial et un futur en adéquation avec ses aspirations.

Tout **poste de responsabilité** correspond à un **ensemble de compétences** :

- compétence de savoir, et actualisation de ces savoirs ;
- compétence de savoir-faire et intégration d'expériences nouvelles ;
- compétence de savoir-être, conscientisation et sens critique ;
- compétence de savoir-créer, et dynamisation des ressources ;
- compétence de savoir-devenir et évolution personnelle et professionnelle.

Pour manager des hommes, celui qui agrandit sa capacité de conscientisation développe aussi son efficacité personnelle. La connaissance de soi et l'appréhension de son niveau d'efficacité personnelle sont deux axes prioritaires de réflexion pour chaque manager. C'est en pratiquant ces exigences vis-à-vis de lui-même qu'il pourra assumer sa mission d'animateur, de moteur, d'entraîneur et de leader.
Le leadership, indispensable à l'exercice de l'autorité du manager, n'est pas autre chose que l'aptitude à entraîner les hommes, à les mobiliser pour une cause ou un projet.

Le charisme nécessaire à l'animation des hommes n'est pas autre chose que cette faculté, liée à sa propre personne, d'éveiller chez les autres le meilleur d'eux-mêmes, la prise de conscience d'autres possibles et de ressources inexploitées.

Un des moteurs du développement personnel (du manager et de l'homme en général) se trouve dans le regard et l'écoute confiante que la personne porte sur elle, pendant ce processus de transformation, pour s'accepter en mutation, en devenir.

C'est un processus d'évolution vers tous les possibles, c'est une démarche de progression vers un mieux-ressentir, un mieux-être en relation, un mieux-être avec soi.

Ce processus trouve son énergie dans les réussites et dans l'actualisation de ses potentialités. Il se nourrit non seulement de prises de conscience successives mais de réussites concrètes sur le terrain.

Le développement personnel du manager est au cœur de la performance des organisations. Quand il est clairement énoncé et pris en charge par l'entreprise, il contribue à la salubrité économique et sociale de l'ensemble de l'organisation.

Point d'appui n° 7
Fonder sa légitimité sur l'évaluation faite par ses collaborateurs

Pour quelles raisons est-il demandé aux clients de se prononcer sur leur niveau de satisfaction vis-à-vis des produits et des services fournis par votre entre-

prise ou votre institution ? À quoi servent les enquêtes clientèle ?
Les réponses à ces questions sont multiples :

- permettre à une entreprise de mieux se positionner vis-à-vis des attentes des clients ;
- rassurer l'encadrement sur les performances de l'entreprise et sur la fidélité des clients ;
- évaluer les écarts entre l'attendu et le réalisé ;
- apprécier les moyens nécessaires pour progresser avec un objectif ;
- remettre en cause les perceptions internes, et éviter de fonctionner en vase clos, d'être coupé de l'évolution du milieu...

Une autre raison qui peut résumer toutes les précédentes : **l'entreprise est tout simplement au service de ses clients** et, de ce fait, elle se doit en permanence d'évaluer leur degré de satisfaction.
Un manager est par définition au service de ses collaborateurs. Les collaborateurs ont donc implicitement un devoir d'évaluation de leur manager. Non pas pour le sanctionner ni pour se défouler de quelques malaises ou frustrations, mais pour renvoyer une perception objective et interpellante de la situation relationnelle et professionnelle existante.
La seule vraie légitimité du manager ne lui vient pas de ses diplômes, ni de son statut, ni de la propriété du capital (cas des dirigeants actionnaires)..., elle lui vient de la reconnaissance de ses collaborateurs qui peuvent infirmer ou confirmer son autorité.

Serait-il possible pour chaque collaborateur de pouvoir dire sans réticence ni ambivalence :

> *« Je te [ou vous] reconnais comme étant la personne la plus qualifiée pour guider notre entité, pour permettre à chacun d'entre nous d'accéder au meilleur de ses ressources professionnelles, pour développer la créativité collective et favoriser la réunion de nos compétences individuelles, pour conduire notre projet collectif. »*

Les modalités d'un retour possible des perceptions des différents collaborateurs vers le manager pourraient être les suivantes :

- Confidentialité pour favoriser l'expression la plus libre.
- Réalisation à partir d'un questionnaire adapté aux caractéristiques de l'entreprise.
- Dépouillement par des personnes indépendantes, et donc extérieures à l'entreprise.
- Communication à la personne concernée.
- Analyse avec le responsable hiérarchique. Celui-ci devant être conscient qu'il y a toujours un décalage entre la perception qu'il a de lui-même et celles perçues par son entourage.

Ainsi menée, cette enquête devient un instrument fondamental pour l'entreprise. Elle évite des abus, responsabilise l'encadrement sur sa façon de faire, garantit une forme de démocratie et d'expression. Certes, ce genre d'outil ne doit pas être envisagé comme le seul moyen, ni empêcher une relation directe entre le manager et ses collaborateurs.

À partir de cette évaluation annuelle, le manager peut alors établir son plan de transformation ou d'évolution personnelles, fixer un programme de développement de son efficacité relationnelle avec des objectifs précis susceptibles d'être annoncés aux collaborateurs concernés.

Il convient de ne pas se leurrer : les évaluations anarchiques, les pseudo-évaluations se font en permanence dans le microcosme de l'entreprise. Cette expression n'est pas aussi spontanée qu'il y paraît dans un premier temps. Mais elle sera le plus souvent réactionnelle, chargée d'affects divers, porteuse d'images stéréotypées et déformées suivant la façon dont elles circuleront ensuite dans les services.

Une évaluation balisée suivant les propositions ci-dessus paraît souhaitable, même si pour l'instant elle peut apparaître comme utopique à beaucoup.

CONCLUSION

Dans ce petit livre nous n'avons fait qu'effleurer quelques-unes des problématiques liées aux relations pour un management plus humain, dans le monde de l'entreprise.

Nous avons tenté de poser quelques balises, d'indiquer des chemins, de proposer des repères pour mieux nourrir la vitalité d'un organisme, dont la sève est constituée par la qualité des relations qui y sont vécues, au quotidien, durant des années.

Nous avons souhaité, au-delà d'une prise de conscience, proposer des outils, faire référence à des règles d'hygiène relationnelle et poser les bases d'une méthodologie pour des relations plus vivantes, plus créatives, plus respectueuses des potentialités de chacun.

Au-delà des généralisations, il s'agit surtout d'une tentative de recentration sur l'importance de pouvoir réconcilier les trois grandes dimensions relationnelles présentes et agissantes dans le monde du travail :

- la dimension fonctionnelle : être, faire et agir ensemble ;
- la dimension interpersonnelle : être face aux autres et savoir mettre en commun ;
- la dimension intrapersonnelle : être en accord avec soi-même et en congruence avec le meilleur de soi.

ANNEXES

VOUS VOULEZ SAVOIR QUELLE EST MA CHARTE ?

Points de repère pour un management relationnel

En tant que manager	En tant qu'homme
Je reconnais chacun en tant que personne. Je le respecte dans ses différences. Je le considère pour ce qu'il est. Je le valorise dans ce qu'il fait. Je l'informe et le consulte sur son travail. Je définis ses responsabilités dans le projet et envers les autres. Je l'écoute dans ses idées. Je l'entends dans ses potentialités. Je construis un cadre qui puisse lui donner envie de se dépasser. Je le conforte dans son droit de progresser. Je favorise le cheminement pour qu'il puisse développer estime de soi et bienveillance à l'égard de lui-même.	Je m'affirme pour ce que je suis avec mes grandeurs et mes petitesses. Je suis à l'écoute de mes émotions et de mes sentiments. J'exprime mes ressentis. Je développe un comportement qui puisse servir de référence. Je reconnais mes erreurs sans m'auto-disqualifier, sans me juger ni m'accuser. Et plus que tout autre, j'assure mon développement personnel.

Pour développer ces compétences
J'attends de la considération pour ce que je fais, pour ce que je suis...
J'attends cette considération comme un plus, pas comme une nécessité impérieuse.
J'apprends ainsi à m'estimer et à me nourrir de bienveillance envers moi-même.

Charte de vie pour de meilleures relations dans mon travail

1. Quelle que soit ma fonction, quel que soit le poste que j'occupe, quelle que soit mon ancienneté, j'ai besoin d'**être reconnu** comme une personne.
2. J'ai aussi besoin d'être **valorisé, gratifié** dans ce que je fais. Oui, j'ai besoin que quelqu'un me renvoie de temps en temps une image positive, pour dépasser mes limites.
3. J'ai besoin d'être **informé, consulté** parfois, pour tout ce qui concerne l'évolution de mon travail, de mon poste, de mes responsabilités.
4. J'ai besoin d'un positionnement clair, constant et cohérent de la part des personnes en autorité, pour tout ce qui touche à **mes devoirs** (mes engagements envers l'équipe, l'institution ou la société dans laquelle je travaille).
5. J'ai besoin également d'un positionnement sans ambiguïté sur **mes droits** (engagements de l'institution ou de la société à mon égard).
   Je ne veux pas être l'objet de la fluctuation des désirs et des peurs de chacun, au moindre malentendu, à la moindre divergence, à la moindre maladresse ou au moindre incident.
6. J'ai besoin que **mon point de vue** soit entendu, même s'il n'est pas toujours retenu, ou pris en compte.
7. J'ai besoin de **rendre compte** de mon travail et d'avoir une écoute pour en évaluer les possibles.
8. J'ai besoin d'être **passionné** dans mon travail, d'avoir des **buts,** des **projets** et même de conserver la possibilité de **rêver** à des changements.

9. Je voudrais rappeler que c'est huit heures ou plus de ma vie que je vends chaque jour en travaillant, et que je suis sensible à la **qualité de ma vie** durant ce temps, car elle se répercutera sur l'ensemble de mon existence et de mes relations.

Si chacun de ces points peut être entendu et vécu sur mon lieu de travail, vous pouvez être assuré que je collabore au maximum.

À cette charte de vie pour de meilleures relations dans mon travail correspond une

Anti-charte de vie relationnelle

- Quand je ne suis pas reconnu,
- quand je me sens critiqué et jugé,
- quand mon point de vue n'est pas entendu,
- quand je ne reçois aucune gratification et valorisation,
- quand je ne suis qu'un exécutant,
- quand je m'ennuie,
- quand je ne peux me reconnaître dans... l'incompétence de mes supérieurs,

je deviens alors un exécutant bête et passif, parfois même con et méchant... (même si je ne le montre pas toujours au grand jour).

Charte de vie relationnelle dans mes relations avec des personnes en autorité

Voici ce que j'attends de la ou des personnes sous la responsabilité desquelles je travaille :

En priorité
de la stabilité émotionnelle
L'instabilité émotionnelle ou les variations intempestives des émotions, chez les personnes responsables ou sous l'autorité desquelles je travaille, entraînent chez moi une consommation maximale d'énergie, diminue donc mon efficience et agresse mes ressources opérationnelles.

J'attends aussi
des stimulations et des apports de formation continue
Je demande à la personne dont je dépends directement qu'elle puisse mettre :
– le maximum de sa compétence
– et de son expérience
à mon service, pour continuer à favoriser ma réussite. Non pas ma réussite personnelle mais fonctionnelle, ceci afin que je puisse collaborer au maximum à la réalisation et au succès du projet dans lequel nous sommes copartenaires ou collaborateurs.

Je désire
des critiques constructives
Je souhaite de la personne responsable, dont je dépends, qu'elle puisse me proposer ses critiques

pour augmenter mon efficience. Des critiques sur mes actions, mes actes, mes comportements, mes capacités ou mes incapacités et non des critiques sur ma personne, que je n'accepte pas de voir confondue avec ma fonction. Ce n'est pas parce que je suis en difficulté face à une tâche ou dans l'incapacité d'atteindre le résultat prévu que je suis incapable.

Je demande
un soutien direct

J'espère un soutien inconditionnel chaque fois que je suis en difficulté. Un soutien sans commentaires dénigrants, sans jugements de valeur, sans reproches ou accusations. Un soutien qui puisse m'être offert par une aide concrète pour dépasser un obstacle identifié.

J'espère
des échanges possibles en dehors des situations de crise

Je demande des échanges régulateurs où chacun puisse se dire et être entendu. Au-delà de la recherche d'un accord possible, je vise à un partage des informations, des points de vue, des expériences et des différences.
Je compte sur la mise en commun de nos ressources.

Je voudrais créer
un contexte où l'expression soit directe et interactive

Je propose une mise en mots de mon expérience... et non une mise en cause de mon interlocuteur, en prenant le risque de parler de moi, en veillant à ce que l'autre ne s'approprie pas ma parole comme une mise en cause personnelle ou agressive à son égard ou à l'égard du fonctionnement du service.

Je veux
être reconnu et confirmé de temps en temps dans mes réussites
Les valorisations et les gratifications sincères et justifiées me stimulent, m'encouragent et me rendent plus efficient.

J'ai l'espoir que tout ce que je demande soit réalisable ou tout au moins fasse l'objet d'une confrontation.

Puis-je rappeler que
• **la qualification professionnelle** d'un responsable est de devoir dynamiser et augmenter les ressources de ses collaborateurs directs;
• **la pathologie relationnelle** d'un responsable, à quelque niveau que ce soit, est de saper ou diminuer les ressources de ses collaborateurs, en restant préoccupé de sauvegarder les relations de pouvoir au détriment des relations d'autorité.

Charte du manager pour des relations créatives dans l'entreprise

Ma mission est de créer une vision et de la faire partager par les hommes et les femmes dont j'ai la responsabilité dans le but d'unir leurs valeurs et leurs richesses humaines, pour créer ensemble des richesses économiques et sociales.

Ma fonction est de définir un « projet d'entre-prendre » servant cette vision qui unisse les hommes et les femmes dans leur désir de réaliser en commun des actions pour l'entreprise et son évolution.

Ma légitimité résulte de ma capacité à être reconnu par mon équipe pour ma contribution réelle et effective à la réussite de ce projet, et par chaque individu pour avoir créé les conditions de son épanouissement professionnel.

Mon rôle est de trouver les ressources (techniques, financières...) comme moyens au service des idées et des projets des hommes.

Ma responsabilité est de développer cohérence et efficience entre les personnes, de les écouter, et de garantir à chacun sa sécurité, son intégrité physique et morale.

Ma tâche est de créer des valeurs à partager dans lesquelles chacun retrouve ses propres idéaux.

Mon devoir est de résoudre chaque problème rencontré par mes collaborateurs et qui dépasse leur niveau d'intervention, et d'unir les personnes pour développer ensemble des relations créatives basées sur la confiance, l'estime et l'entraide.

En développant tous ces points, **mon autorité** devient plus fiable et a plus de chance d'être reconnue :

- **Je consacre mon énergie au service des hommes et des femmes qui m'ont accordé leur confiance.**
- **Je réalise ma vocation, c'est-à-dire l'animation des hommes, quand je renonce à l'exercice d'un pouvoir uniquement institutionnel.**

La reconnaissance légitime que j'attends en tant qu'homme résulte de mon aptitude à me mettre à la disposition de mes collaborateurs pour que leurs tâches au service de nos clients et de l'entreprise soient accomplies avec efficience et soient un des facteurs de leur épanouissement professionnel.

Les 12 clés de la transformation du management

1. L'entreprise est au service des hommes, clients, salariés, fournisseurs, actionnaires ou membres de la société civile.
Développer une vision commune et partagée, inspirée par la notion de service.
2. La vraie richesse est celle des hommes.
Utiliser mon énergie pour faire fructifier cette richesse.
3. La richesse humaine est la seule richesse qui, plus elle est mise en œuvre, plus elle s'accroît.
Créer les conditions pour développer la richesse de chacun.
4. La pérennité de l'entreprise dépend de la créativité dont les hommes savent faire preuve.
Créer les conditions pour favoriser les relations créatives entre les personnes.
5. Les managers sont la forme et la force les plus évoluées de la transformation de l'entreprise.
Développer le moteur de la transformation de l'entreprise.
6. Le changement est la règle, la stabilité l'exception.
Favoriser l'aptitude au changement est plus important que le changement lui-même.
7. Notre façon d'agir dans l'entreprise dépend de notre vision de l'entreprise.
Changer ma vision de l'entreprise pour permettre sa transformation.
8. Manager des hommes ne peut se faire sans estime et bienveillance pour eux.
Respecter les hommes sans oublier d'apprendre pour soi.

9. La dernière chose à laquelle l'homme est prêt à renoncer, ce sont ses valeurs.
Créer des valeurs humaines au sein de son équipe comme base de références communes.
10. L'entreprise est un système complexe, il s'appréhende par la connaissance ou l'intuition et non par le raisonnement.
Développer ses facultés intuitives pour faire face aux défis de la complexité croissante.
11. L'intelligence peut conduire à la ruine si elle n'est pas guidée par la conscience.
Redonner de la conscience à l'intelligence pour que l'entreprise arrête de survivre pour enfin vivre.

... La 12e sera personnelle.

L'entreprise est un lieu de vie

Au-delà des relations fonctionnelles vont se nouer et interférer tout un tissu de relations complémentaires, antagonistes ou contradictoires.

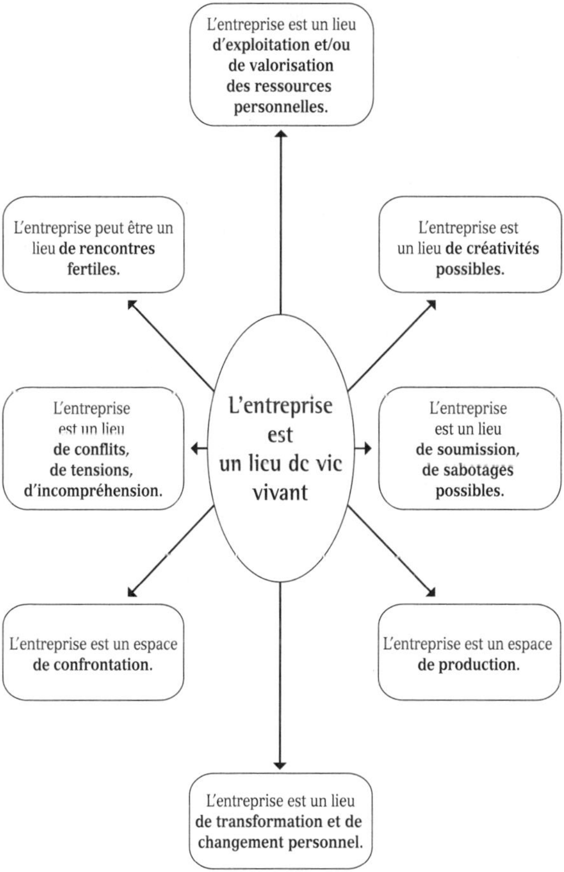

Gestion des relations professionnelles

En proposant quelques balises claires, nous faisons l'économie d'avoir à mettre ensuite des barrières[1].

De la confiance au risque

Remplacer la notion de **confiance**[1] par celle de **risque** que je prends

→ **Je prends le risque** d'être déçu, que l'autre ne tienne pas ses engagements, qu'il déforme ou transgresse le projet initial…

Du risque à l'engagement

Avertir l'autre des risques qu'il prend s'il travaille avec moi

→ **Je m'engage** non seulement avec ce que je suis aujourd'hui mais avec mes potentialités d'évolution…

De l'engagement à la fiabilité

Si lui aussi veut me faire confiance

→ **Il prend le risque** d'être comblé ou d'être déçu dans ses attentes.

1. Notion projective car j'imagine que l'autre ne va pas me décevoir.

Relations asymétriques et symétriques

La recherche de relations réciproques va se heurter au barrage des relations asymétriques.

1. Les relations professionnelles sont essentiellement asymétriques

Dans cette relation le retour d'influence de B sur A n'est pas toujours possible. C'est la rigidification de cette dynamique qui va déclencher malentendus, malaises et conflits.

2. Certaines relations personnelles sont aussi asymétriques

Dans un couple, l'un des deux définit la relation, les projets, le présent et le futur, l'autre se soumet, ou accepte.

3. Besoin de symétrie et de réciprocité

Il y a chez la plupart d'entre nous le désir d'établir une réciprocité, de retrouver une symétrie d'influence dans les relations de longue durée.

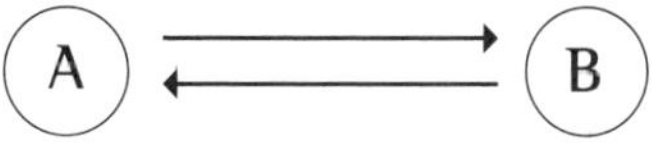

Présentation succincte de quelques rapports de force dans l'entreprise

La plupart des relations circulant dans une entreprise sont de type obligatoire. Elles se situent donc toujours à l'intérieur de rapports de force.

Comment ces rapports de force se structurent-ils ?

<table>
<tr>
<td colspan="2">Autour d'une relation de pouvoir

<u>Pouvoir</u> : capacité d'influencer autrui par la contrainte, quelle que soit l'origine de la contrainte.</td>
<td colspan="2">Autour d'une relation d'autorité

<u>Autorité</u> : capacité d'exercer une influence sur autrui pour lui permettre d'être plus lui-même.</td>
<td colspan="2">Autour d'une relation de puissance

<u>Puissance</u> : exercice d'une pression avec laquelle j'oblige, je contrains sans aucune possibilité de choix.</td>
</tr>
<tr>
<td>J'ai du pouvoir et j'accepte de l'exercer.</td>
<td>Je subis le pouvoir d'autrui ou j'accepte son influence.</td>
<td>Mon autorité est reconnue et j'accepte de l'exercer.</td>
<td>Je reconnais de l'autorité à autrui et je peux m'appuyer dessus pour renforcer mon action.</td>
<td>L'urgence, la pression sont telles que je n'ai pas d'autre choix que d'imposer.</td>
<td>Je subis provisoirement sans autre alternative possible.</td>
</tr>
<tr>
<td colspan="2">L'instrument privilégié du pouvoir est la violence (morale, verbale ou physique que j'utilise pour moi contre autrui).</td>
<td colspan="2">L'instrument privilégié de l'autorité est la force : c'est-à-dire le poids et l'énergie que je mets au service d'autrui.</td>
<td colspan="2">L'instrument privilégié de la puissance aveugle est la pression qui s'exerce sur l'ensemble des protagonistes.</td>
</tr>
</table>

Autorité et pouvoir

Pour démystifier les confusions possibles entre l'autorité et le pouvoir.

Avoir de **l'AUTORITÉ** = permettre à l'autre d'être AUTEUR

le système de valeurs

- Valeurs prioritaires dans un système donné
- Image de soi
- Croyances intimes : morale/éthique

les rapports de force

- Alternance possible des positions d'influence
- Non-alternance des positions d'influence

Toute interrogation
sur le pouvoir
ou l'autorité
renvoie à s'interroger sur

les origines du pouvoir et de l'autorité

- Institutionnelle
- Menaces réelles ou fantasmées
- Gratifications
- Compétences :
  Savoirs
  Savoir-être
  Savoir-faire
  Savoir-devenir
- Personnelle / charismatique
- Politique :
  Association de collaborateurs

les modalités d'exercice du pouvoir et de l'autorité

- Autocratique
- Paternaliste
- Laisser-faire
- Manipulateur
- Coopératif :
  Mise en commun des ressources
  Prise en compte des limites personnelles

Avoir du **POUVOIR** = exercer une INFLUENCE par la contrainte

Origine de l'autorité

En percevant mieux l'origine et les supports de notre autorité, nous pouvons être susceptibles de la compléter et de l'enrichir.

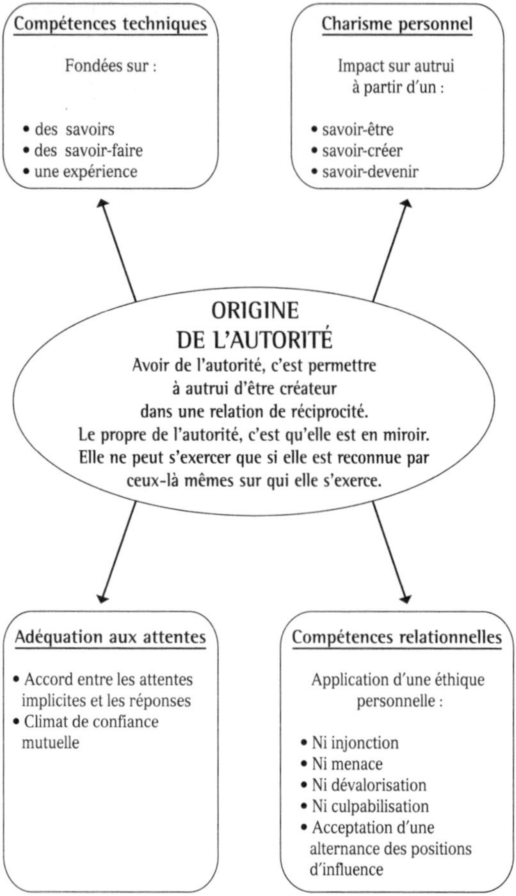

Origine du pouvoir

En s'interrogeant sur l'origine du pouvoir détenu par un des personnages clés de l'entreprise, nous sommes à même de mieux percevoir son impact et ses limites.

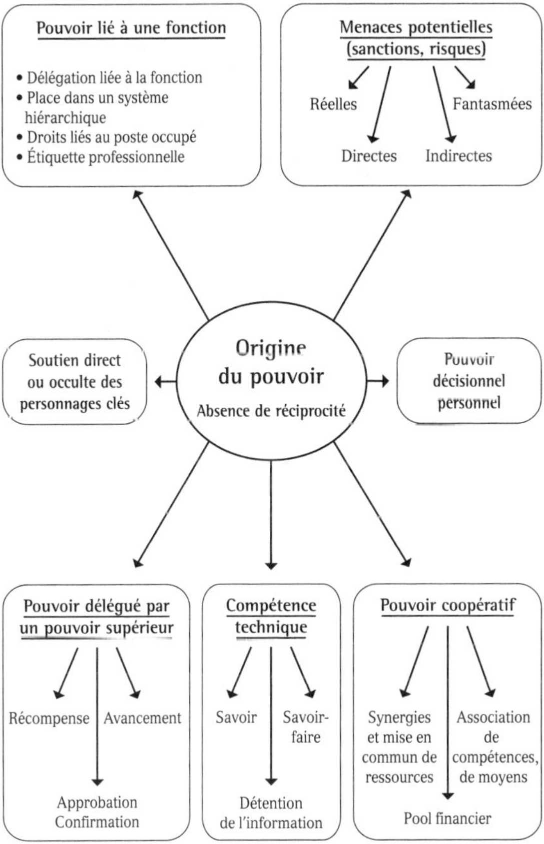

Modalités de l'exercice du pouvoir

Les cinq façons principales d'exercer le pouvoir

Mode autocratique

- Directif
- Position personnaliste dominante
  « Je décide que ... »
- Connotation fonctionnelle dominante
- Cherche des exécutants
- Crée une opposition ouverte

Mode laxiste
Laisser-faire

- Confondu avec une attitude libérale
- Modalité ambiguë :
  « C'est à vous de savoir ce que vous devez faire ! »
- Sécrète l'insécurité
- Crée de la déresponsabilisation
- Coupure avec la réalité :
  « Vous êtes libre de faire ce que vous voulez »

Mode paternaliste

- Maintien autrui en dépendance
- Connotation affective
- Renvoie au modèle familialiste
- Distingue les bons et les mauvais
- Recherche de collaborateurs inconditionnels
- Déclenche de l'ambivalence (amour/haine, attirance/rejet)
- Crée une opposition larvée

Mode manipulatoire

- Vise à la dépendance d'autrui, recherche sa fidélité
- Déclenche des refoulements, des non-dits et des sabotages implicites
- Vise à augmenter son propre pouvoir en phagocytant celui d'autrui
- Crée des sabotages et des démissions (non-engagement)
- Cloisonnements qui entretiennent des rivalités

Recherche du consensus

- Utilisation de son influence pour rassembler, coordonner
- Privilégie le partenariat
- Suscite la collaboration
- Crée de l'apposition
- Acceptation d'un apprentissage mutuel

→ Le pouvoir se rapproche ici de l'autorité.

Comment passer du système SAPPE à la méthode ESPÈRE

Prendre conscience de ce que nous faisons habituellement, spontanément	Prendre conscience de ce qu'il serait possible de faire autrement
• Je questionne, j'investis.	• **Je peux inviter, proposer.**
• J'emploie le ON, j'utilise le NOUS.	• **J'ose un JE personnalisé.**
• Je me cantonne dans les idées, je développe des généralités, je fais des discours sur... j'énonce des concepts.	• **Je concrétise avec des exemples, je personnalise, je partage mon vécu, je dis mon ressenti, je précise ma position.**
• Je tente de définir l'autre, de lui attribuer mes croyances ou mes sentiments.	• **Je laisse l'autre se définir avec ses mots à lui. J'accepte qu'il confirme ses croyances ou ses convictions.**
• Je me laisse trop souvent définir par l'autre.	• **Je définis mes idées, mon point de vue, mes désirs, mes projets, ma position.**
• Je reste dans l'implicite, avec la croyance non dite que l'autre a les mêmes valeurs, références ou repères que moi.	• **Je passe plus souvent à l'explicite, avec les risques d'une mise en confrontation.**
• Je crée l'opposition, j'entretiens le désaccord ou l'affrontement.	• **Je propose l'apposition et favorise la confrontation.**
• Je parle trop sur l'autre.	• **Je parle à l'autre.**
• Je parle sur moi (langue de bois, discours en conserve).	• **Je peux parler de moi par des témoignages personnalisés et vécus.**
• Je pratique la répression imaginaire (en pensant à l'avance ce que l'autre va dire ou penser de moi).	• **Je ne prête pas d'intention à l'autre, je n'interprète pas son comportement.**
• Je reste trop centré sur le discours ou le problème.	• **Je reste centré sur la personne.**
• Je pense souvent à la place de l'autre.	• **Je l'invite à dire avec ses mots à lui.**
• J'ai plaisir à argumenter, à convaincre, à contrer, à me justifier. Je disqualifie, je dévalorise ou je porte des jugements de valeur.	• **Je peux simplement partager, échanger. Ne pas confondre la confirmation et l'accord. Je donne mon point de vue.**
• Je recherche trop souvent l'accord, l'approbation, je cherche la semblance, la fusion.	• **Je peux me différencier, me positionner dans mon altérité.**
• Je confonds trop souvent désir et réalisation.	• **Je sépare mieux mon désir de sa réalisation.**
• Je mélange sentiment et relation.	• **Je sépare mieux ce qui est de l'ordre des sentiments et ce qui est du registre de la relation.**
• J'imagine que les mots sont suffisants pour communiquer et construire une relation.	• **Au-delà des mots, j'utilise des outils et je me réfère plus souvent à des règles d'hygiène relationnelle.**
• Je cherche à comprendre et à expliquer.	• **J'essaie surtout d'entendre.**
• Je confonds écouter et répondre.	• **Je me donne le temps d'écouter.**

De la formation interne à la formation externe.

PROJET POUR UNE FORMATION À LA COMMUNICATION RELATIONNELLE EN ENTREPRISE

QUAND NOUS AVONS MAL À NOS RELATIONS PROFESSIONNELLES...

À l'intérieur de l'organisme vivant qu'est toute entreprise, toute personne est entourée par un tissu relationnel qui peut la dynamiser et la soutenir ou l'agresser et la démobiliser.
Elle peut avoir parfois le sentiment que, malgré sa bonne volonté, ses compétences et les sentiments positifs qui l'animent,

> *« ça ne marche pas bien, qu'il y avait trop de malentendus, de frustrations, de malaises, et une déperdition énergétique qui altèrent son efficience ou son rendement... »*

Elle peut s'interroger, se révolter et avoir le sentiment d'être un handicapé de la relation ou encore s'accrocher, être tentée de se positionner, de s'affirmer autrement.

Elle peut parfois démissionner, se faire oublier dans l'attente de jours meilleurs.
Peut-être aussi, pour se rassurer, a-t-elle pensé

> *« que c'est aux autres de changer, de faire des efforts, que c'est à eux de la comprendre, de s'ajuster à des positions ».*

Parfois encore elle a certainement espéré que le temps allait diminuer ses difficultés, supprimer ses problèmes, ou qu'un miracle pourrait surgir sous forme d'un événement imprévu : un changement de poste, l'arrivée d'autres responsables ou d'autres collaborateurs, de nouvelles responsabilités à prendre...
Si vous avez traversé tout cela, le moment est certainement venu de vous remettre en cause, d'arrêter de vous victimiser et d'envisager un changement concret, opérationnel pour revoir votre façon de mettre en commun, de collaborer ou plus simplement de vous dire et d'être entendu.
D'envisager quelques moyens concrets pour devenir plus auteur de vos relations, pour devenir un meilleur compagnon pour vous-même et devenir un partenaire plus responsable avec vos collaborateurs ?
Si vous en êtes là, une formation à la communication relationnelle vous concerne certainement.

La communication relationnelle s'appuie sur les différentes possibilités offertes à deux ou plusieurs protagonistes, au-delà du dialogue, de l'échange ou de la mise en œuvre d'une action, de mettre en commun

dans le respect des ressources et des limites de chacun.
Cette mise en commun, quels que soient les rapports d'autorité, de dépendance, quelles que soient les fonctions exercées, se fait à partir de **quatre démarches relationnelles universelles** :

Donner Demander Recevoir Refuser

Ces démarches permettent de prendre en compte tous les registres de la communication, à savoir :

• Communication intrapersonnelle (être clair avec soi-même).
• Communication interpersonnelle (établissement d'une relation, avec un tiers).
• Communication fonctionnelle (envisager une tâche, une production en commun, œuvrer à une tâche commune.

Modalités concrètes pour une formation à la communication relationnelle

Cette formation peut se faire sur trois niveaux :

- sensibilisation
- formation
- intégration

1. Sensibilisation autour de deux pôles

• Prise de conscience et démystification des principaux pièges et malentendus de la communication.
Contenu : Présentation du Système SAPPE.

• Introduction à la méthode ESPÈRE.
Contenu : Concepts de base; Outils; Règles d'hygiène relationnelle.

2. Formation

• Approfondissement et mise en pratique de la méthode ESPÈRE.
• Approfondissement des résistances personnelles rencontrées au cours de la session.
• Interrogations, confrontation et recherche de cohérence vis-à-vis de nos habitudes, de nos croyances et des systèmes de valeurs.
• Constitution d'un bagage de références communes.

3. Intégration

À partir des vécus professionnels au cours desquels la méthode ESPÈRE aura été utilisée :
• Clarification des difficultés et des résistances rencontrées.
• Validation de ce qui a été mis en pratique.
• Meilleure perception des erreurs, des échecs, des répétitions et récurrences du système SAPPE.

Conditions de participation à la formation

Il est important d'avoir un public motivé pour travailler sur une telle approche. Ce type de formation suppose le volontariat, car sa pédagogie et sa méthodologie reposent sur l'acceptation d'une implication personnelle.
Une formation à la communication relationnelle ne vise pas à développer une idéologie sur « le bien

communiquer » mais à montrer qu'il est possible de ne pas entretenir les difficultés et les obstacles habituellement rencontrés et de promouvoir une approche plus conscientisée autour d'une autre façon de communiquer.

Table

Ouvrages de Jacques Salomé :

Aux Éditions Albin Michel

PAPA, MAMAN, ÉCOUTEZ-MOI VRAIMENT. À l'écoute des langages du corps et de l'imaginaire chez nos enfants, 1989.

JE M'APPELLE TOI, roman, 1990.

T'ES TOI QUAND TU PARLES. Jalons pour une grammaire relationnelle, 1991.

BONJOUR TENDRESSE. Une pensée par jour, 1992.

CONTES À GUÉRIR, CONTES À GRANDIR. Une approche symbolique pour l'écoute des maux, 1993.

L'ENFANT BOUDDHA (illustrations de Cosey). Retrouver l'enfance d'un maître, 1993.

HEUREUX QUI COMMUNIQUE. Pour oser se dire et être entendu, 1993.

TAROT RELATIONNEL. Communiquer en jouant, plutôt que jouer à communiquer, 1994 (épuisé).

PAROLES D'AMOUR, poésies amoureuses, 1995.

CHARTE DE VIE RELATIONNELLE. Pour mieux communiquer à l'école, 1995.

COMMUNIQUER POUR VIVRE. La sève de la vie, 1995.

C'EST COMME ÇA, NE DISCUTE PAS ! ou les 36000 façons de ne pas communiquer avec son enfant, 1996.

EN AMOUR, L'AVENIR VIENT DE LOIN. Poétique amoureuse, 1996.

TOUS LES MATINS DE L'AMOUR... ONT UN SOIR, roman, 1997.

POUR NE PLUS VIVRE SUR LA PLANÈTE TAIRE. Apprendre à communiquer avec la méthode ESPÈRE, 1997.

ÉLOGE DU COUPLE, 1998.

PAROLES À GUÉRIR, 1999.

DIS, PAPA, L'AMOUR C'EST QUOI ?, 1999.

CAR NOUS VENONS TOUS DU PAYS DE NOTRE ENFANCE, 2000.

CONTES À AIMER, CONTES À S'AIMER, 2000.

LETTRES À L'INTIME DE SOI, 2001.

JE T'APPELLE TENDRESSE, 2002.

Chez d'autres éditeurs :

SUPERVISION ET FORMATION DE L'ÉDUCATEUR SPÉCIALISÉ, éd. Privat, 1972 (épuisé).

PARLE-MOI, J'AI DES CHOSES À TE DIRE, éd. de l'Homme, 1982.

RELATION D'AIDE ET FORMATION À L'ENTRETIEN, Presses universitaires de Lille, 1987.

APPRIVOISER LA TENDRESSE, éd. Jouvence, 1988 ; J'ai Lu, 1998.

LES MÉMOIRES DE L'OUBLI (en collaboration avec Sylvie Galland), éd. Jouvence, 1989 ; Albin Michel, 1999.

Si je m'écoutais... je m'entendrais (en collaboration avec Sylvie Galland), éd. de l'Homme, 1990.

Aimer et se le dire (en collaboration avec Sylvie Galland), éd. de l'Homme, 1993.

Jamais seuls ensemble, éd. de l'Homme, 1995.

Une vie à se dire, éd. de l'Homme, 1998.

Le Courage d'être soi, éd. du Relié, 1999 ; Pocket, 2001.

Passeur de vie, éd. Dervy, 2000 ; Pocket, 2002.

Car nul ne sait à l'avance la durée d'un amour, éd. Dervy, 2001.

Chaque jour... la vie, éd. de l'Homme, 2002.

Un océan de tendresse, éd. Dervy, 2002.

Ouvrages de Christian Potié :

La Maîtrise statistique des procédés, avec J.-L. Lamouille, B. Murry, éd. AFNOR, 1991.

Diagnostic Qualité, méthodes d'expertise et d'investigation, éd. AFNOR, 1994.

2027, l'Odyssée de l'entreprise, avec A. Copeta, éd. Labeau éd. Groupe XL.

Le Management transfonctionnel, éd. Groupe XL.

PAPIER À BASE DE FIBRES CERTIFIÉES

Le Livre de Poche s'engage pour l'environnement en réduisant l'empreinte carbone de ses livres. Celle de cet exemplaire est de :
450 g éq. CO_2
Rendez-vous sur www.livredepoche-durable.fr

Composition réalisée par Datagrafix

Achevé d'imprimer en septembre 2013, en France sur Presse Offset par
Maury Imprimeur – 45330 Malesherbes
N° d'imprimeur : 184252
Dépôt légal 1re publication : octobre 2013
Librairie Générale Française – 31, rue de Fleurus – 75278 Paris Cedex 06

31/6617/0